"十四五"职业教育国家规划教材

全国旅游职业教育教学指导委员会旅游职业教育系列教材
教育部全国现代学徒制工作专家指导委员会指导教材
校企双元育人之酒店实训系列教材

酒店实训之前厅服务（第2版）

主　编　杨　结　曾小力

副主编　朱　靓　邓　敏

参　编　宋家聪　谌　文　刘正华

　　　　刘虹婷　柯　璇　游　宋

　　　　戴侠男　姚俏梅　陈　晞

　　　　张　翠　王战鹰

旅游教育出版社
·北京·

图书在版编目（CIP）数据

酒店实训之前厅服务 / 杨结，曾小力主编. -- 2版. -- 北京：旅游教育出版社，2025.7. -- （全国旅游职业教育教学指导委员会旅游职业教育系列教材）. -- ISBN 978-7-5637-4912-6

Ⅰ. F719.2

中国国家版本馆CIP数据核字第2025NG8511号

全国旅游职业教育教学指导委员会
旅游职业教育系列教材

酒店实训之前厅服务
（第2版）

主编　杨结　曾小力

副主编　朱靓　邓敏

责任编辑	郭珍宏
出版单位	旅游教育出版社
地　　址	北京市朝阳区定福庄南里1号
邮　　编	100024
发行电话	（010）65778403　65728372　65767462（传真）
本社网址	www.tepcb.com
E - mail	tepfx@163.com
排版单位	北京旅教文化传播有限公司
印刷单位	三河市灵山芝兰印刷有限公司
经销单位	新华书店
开　　本	787毫米×1092毫米　1/16
印　　张	15
字　　数	252千字
版　　次	2025年7月第2版
印　　次	2025年7月第1次印刷
定　　价	58.00元

（图书如有装订差错请与发行部联系）

全国旅游职业教育教学指导委员会
旅游职业教育系列教材
编委会

编委主任：计金标

编委会副主任：程道品　　陈　霁　　朱承强　　姜文宏　　赵鹏飞
　　　　　　　汪京强　　熊剑平　　王昆欣　　樊豫陇　　杨　结
　　　　　　　曾小力

执行主编：韩玉灵

编委会委员：（按姓氏拼音排序）

陈添明　　陈添珍　　陈　蔚　　陈友军　　邓　敏
董家彪　　韩一武　　胡　华　　黄　昕　　黄中黎
霍　勇　　焦金英　　柯　璇　　匡家庆　　郎富平
李亚楠　　林思明　　刘雨涛　　马　英　　聂海英
史云凡　　谌　文　　田雅莉　　魏　凯　　吴浩宏
吴佳尧　　吴侃侃　　吴雁彬　　徐　挺　　许冬梅
许　萍　　杨　松　　张东月　　张凯蒙　　张　添
赵金玲　　赵晓鸿　　仲　涛　　周　慧　　朱　靓

总　序

教材是规范课程教学体系、体现教学内容和教学方法的知识载体，是进行教学、实现课程教学目标的基本保证，是学生课程学习的重要依据和指南，也是课程教学质量的一种反映。教材建设是专业教学基础建设的重要组成部分，是深化教学改革、全面推进素质教育和创新创业教育、提高教学质量、培养高素质技术技能型人才的重要保证。加强教材建设是实现人才培养、促进教学研究、提升教学水平、推动团队建设、扩大专业影响力的有效途径。

为积极推进我国旅游职业教育专业教学改革，建设优质教学资源，促进教学质量和人才培养质量的不断提高，使全国旅游职业教育教材建设工作更好地服务于现代旅游职教体系，更好地服务行业发展和人才培养的需要，在文化和旅游部科技教育司领导下，在全国旅游职业教育教学指导委员会（以下简称"旅游行指委"）组织下，坚持以立德树人为根本标准，遵循旅游接待业知识素质与技术技能传承规律、旅游人才成长规律和旅游职业教育教学规律，开展专业课程体系和课程标准研究，科学规划旅游各专业教材体系，按照"强素质，重应用，有创新"的教材建设基本要求，实施"规范化、品牌化、数字化"教材建设战略，以开发和建设一批体现我国旅游职业教育特色、反映行业最新科技发展、覆盖中高职相关专业主要课程、为国内职业教育领域广泛认可的精品系列教材为目标。

本系列教材主要依托旅游行指委的专业委员会组织团队进行编写，共出版5本教材：饭店运营与管理专业委员会编写的酒店实训系列教材（3本）、景区服务与管理专业委员会编写的《景区服务与管理》、旅游管理专业委员会编写的

《中国旅游客源国与目的地国概况》。每一本教材都由专业的团队成员共同编著，既包含了以往教材的精华部分，又增加了与时俱进的内容，并且利用现代化教学手段，对书本中的知识点进行数字化处理，既方便了教师教学，也利于学生对知识的消化和吸收，所以这是同时具备前瞻性和实用性双重属性的教材，是为旅游职业教育工作者量身打造的。

本系列教材的顺利出版，离不开所有编委和专家的倾情付出，在此感谢浙江旅游职业学院原党委书记王昆欣教授、浙江旅游职业学院旅游规划系主任郎富平副教授、郑州旅游职业学院原院长樊豫陇教授、郑州旅游职业学院办公室主任胡华教授、广东省旅游职业技术学校校长曾小力高级讲师、广州南沙大酒店总经理杨结专家等，他们对本教材的编写作出了巨大的贡献。

本教材的编写时间处于承接"十三五"、启动"十四五"的关键时期，加上旅游行业发展飞速，新生业态较多，很多的概念、理论、观点迭代更新很快，本教材在编写过程中尽力保证内容的全面性、前瞻性，但难免有考虑不周之处，还请广大读者不吝赐教，以臻完善。

全国旅游职业教育教学指导委员会
2021 年 1 月

第2版前言

作为工作手册式新形态教材,"酒店实训"系列教材自2021年出版后,受到各旅游职业院校师生、行业企业员工的欢迎,被成功列入"十四五"职业教育国家规划教材。

2023年以来,国内经济回暖,尤其旅游业复苏强劲。但三年疫情中,科技带动产业向"新消费、新供给、新企业"的"智慧旅游""智慧企业"进化;产业数字化、数字产业化同时进行,旅游新业态、管理运营和服务新模式不断涌现,酒店网络化、数字化、智能化应用场景不断迭代,新质生产力已在旅游产业、餐饮行业实践中形成。

同时,面对国际国内新形势,为进一步加强教材的价值引领,深入推进习近平新时代中国特色社会主义思想进教材,充分发挥教材培根铸魂、启智增慧的功能,为培养担当中华民族复兴大任的时代新人提供坚实支持,我们对"酒店实训"系列教材进行了修订。

本次修订主要有以下特色。

(1)进一步强化教材正确的政治方向和价值导向。坚持立德树人、德技并修,落实课程思政,融入优秀餐饮业文化、酒店文化、技能文明等内容,加强工作价值观引导和职业道德教育,增强学生的专业认同和职业自信,培育劳模精神、劳动精神、工匠精神,提升职业综合素质,努力成为德智体美劳全面发展的社会主义建设者和接班人。

(2)坚持需求导向,更新了教材部分内容。如《酒店实训之前厅服务》更新了微信与支付宝等支付方式、发票系统、公安系统和爱心套房应急服务的操作，并增加了住客体验提升方面的网评管理、大堂副理查房、AI智能解决投诉方案、智能入住、自助结账、数字化等内容。《酒店实训之客房服务》新增了如除螨器、擦窗机等最新设备使用说明及操作部分，以及客房服务与管理的发展趋势这一模块，主要针对客房产品、客房服务、客房培训如何通过数字化管理，如VR仿真模拟送物、智能送物、清洁保养数字化、AI智能解决投诉方案拓展知识等。《酒店实训之餐饮服务》增加了智慧点餐系统的运作和使用、智能支付的各种方式、客户数据分析与智能推荐等，线上资源更新了每个模块的拓展知识，增加了餐饮行业趋势和数字化应用知识等。

从而使得本系列教材紧密围绕党和国家事业发展对酒店管理与数字化运营人才培养的新要求，扎根中国大地，面向世界科技前沿、面向经济主战场、面向国家现代生活服务业重大需求、面向人民生命健康和对美好品质生活的需要，以培养学生的创新精神和实践能力为重点，支撑服务国家和区域经济社会发展。

（3）既突出中国特色又兼容并蓄，精选更新了教材案例。主要选择来自中国酒店行业的成功运营、特色服务、热点问题和优秀范例，并补充更新了教材配图，使教材图文并茂，线上线下配套，可读性、可借鉴性和观赏性都得以增强，有力促进学生职业行动能力的培养，提升学生自主学习和可持续发展能力。

本系列教材得以再版，离不开出版社和编写团队，他们付出了很多心血和努力，在此深表感谢！

最后恳切希望大家在使用本书时，若发现不当之处，进一步提出改进意见。

编 者

2025年5月15日

前　言

发展职业教育及大学应用型教育是国家发展战略的组成部分，提高教育质量、适应国家经济发展需要是这一代教育工作者的历史使命。

应用型教育、职业教育与传统的学术型教育是有区别的。由于经验不足，所以各方都在进行探索，包括学科建设、课程设置、课程内容都需要作系统的提升，它的最大挑战是这类教育必须与相应行业密切结合，以解决具体实际问题为导向。为此，国家教育部门成立以行业分类的全国职业教育教学指导委员会（简称"行指委"）。行指委成员既有教育工作者，也有行业人员，两者的结合将有利于产教融合，适应职业教育的发展。

要提高应用型教育、职业教育的教学质量，必须走产教融合的道路，其工作内容首先要构建以工作过程为导向的专业课程体系及相应的课程内容。

全国旅游职业教育教学指导委员会（简称"旅游行指委"）自成立以来就一直致力于这方面的工作，各成员单位密切合作，开展一系列校企合作活动。

广州市南沙区英东教育培训中心（简称"英东培训中心"）是霍英东集团的成员单位，同时又是旅游行指委成员单位。英东培训中心在旅游行指委的指导下，依托集团下属门类较为齐全的旅游企业，开展系列校企合作工作，先后与数十所高等院校、职业院校合作，通过培训、讲座、顶岗实习、研究型实习等方式，培养了数千名旅游及酒店专门人才。

在十多年前，意识到产教融合、校企合作的重点难点在于专业教材开发，英东培训中心在旅游行指委、中国旅游人才研究院及各有关院校的支持和帮助下，开始对专业教材开发做相关的研究工作。

十多年来，先后有中山大学管理学院刘静艳教授，中山大学旅游学院饶勇副教授、杨云副教授，暨南大学管理学院文吉教授，华南理工大学陈菲教授分别组织本科生、研究生到霍英东集团南沙大酒店进行调研，为教材开发做基础研究工作，三所大学先后有100多名学生参与调研工作。在研究的基础上，2017年，南沙大酒店编制用于学生顶岗实习用的第一版《酒店管理专业学生岗位实践学习指南》，2019年又与山东旅游职业学院、广东旅游职业技术学校合编第二版《校企一体化学习指南——酒店管理专业学生岗位实践》。这两版学习指南为编写专业教材奠定了基础。

2018年，广东省旅游协会联合广东省旅游职业技术学校、南沙大酒店与英东培训中心开展首批全国现代学徒制试点。教育部全国现代学徒制工作专家指导委员会指导此项工作，特别是主任委员赵鹏飞教授对相应教材开发给予了具体的意见。

2019年，旅游行指委根据教育部、文化和旅游部的要求委托旅游行指委所属的酒店专业委员会编写用于职业院校教学的酒店实训系列教材。根据国家对职业院校的教育与培训的要求，这套教材需要适应课堂教学与企业培训，因此，参编人员需要来自学校与行业两个方面。

2019年底，旅游行指委组织了专门的教材论证答辩会。会上由主要编写人员向专家组提交了包括编写思路、内容构成、适应范围等内容的材料。经专家审核及答辩，初步通过了编写方案。

英东培训中心作为旅游行指委成员单位参与其中主要的工作。2020年1月，参与编写的几所学校、几家酒店召开了一次编写教材的研讨会。广东省教育研究院杜怡萍研究员作了关于开发教材思路的讲座，与会人员分别进行了讨论，形成初步的编写大纲，决定先编写酒店实训教材的前厅与客房部分。

这次参与编写教材的人员主要包括广州市南沙区英东教育培训中心主任、南沙大酒店总经理杨结，房务总监朱靓，前厅部经理宋家聪，客房部经理区雪娇以及协助工作的房务部其他管理人员和中山大学旅游学院学生、华南理工大学的学生等。参加教材编写的还有华南师范大学研究生罗爱君、李会娜。

参加策划并审编的学校及教师包括湖南工商大学旅游系谱文副教授；韩山师范学院地理科学与旅游学院·潮菜学院副院长吴雁彬博士，旅游管理系副主任佘思琳；山东旅游职业学院副院长魏凯教授，刘正华老师；广州铁路职业技术学院外语商贸学院副院长刘雨涛副教授；四川省旅游学校副校长吴越强，酒店与航空旅游系主任杨晓琳；广东省旅游职业技术学校校长曾小力，酒店专业部主任邓敏；广州市旅游商务职业学校校企合作办主任黄国庭，旅游与文化系李伟慰老师；沈阳市外事服务学校旅游系主任戴侠男、副主任张翠、王战鹰老师，酒店教研室主任姚倩梅。

企业方参加审稿的酒店业界专家包括白天鹅宾馆首席运营官、广东省旅游协会副会长张添，白天鹅宾馆品牌总监、白天鹅学校副校长陈晞；洲际集团深圳国际会展中心人力资源总监柯璇，深圳国际会展中心皇冠假日酒店房务总监高伟杰，深圳国际会展中心皇冠假日酒店行政管家潘有文；香港新鸿基集团香港帝逸酒店总经理林思明，总经理助理刘显婷。另外，原白云机场温泉度假村总经理吕建忠也对前期策划提供了意见。

这本教材编写是双元，即校企两方都参与；使用者也是双元，即学校用于教育、企业用于培训。这本教材也可以看作是一本专业的工具书，中职、高职、本科均可从里面选出合适的内容进行教学。书中配有二维码，除了纸质内容，还有部分线上内容，包括图片与视频，可以进行线上学习。

这本教材的出版仅仅标志着这项工作的开始，因为酒店服务不仅仅包括这些。同时，这本教材的内容是酒店最基础的服务工作，基本上未涉及酒店的经营管理工作，而这些内容又是不可缺失的。因此，在完成了这本教材后，参编人员又开始了新的工作，其中包括丰富现有教材的内容，开始考虑线上内容的不断更新；开始考虑经营管理内容的编写，前期调研工作已正式启动，期望构建酒店专业从服务到经营管理较为完整的校企一体化专业教学内容。这也正是学校和行业的历史使命。

编者

2021年1月

目　录

模块一　前厅部基础知识

前置活页 ··· 001
   任务 1-1　前厅部简介及主要任务 ·· 003
   任务 1-2　前厅部组织架构 ·· 006
   任务 1-3　前厅部服务与行为规范 ·· 008
   任务 1-4　前厅部常用设施设备 ·· 011
   任务 1-5　前厅部常用系统 ·· 014
   任务 1-6　前厅部相关管理规定 ·· 023
   任务 1-7　前厅部应急预案 ·· 025
后置活页 ··· 028

模块二　预订部

前置活页 ··· 029
项目 2-1　预订部基础知识 ·· 031
   任务 2-1-1　预订部工作职责 ·· 031
   任务 2-1-2　预订部工作标准 ·· 033
   任务 2-1-3-1　预订部业务知识——常见房间类型 ························· 036
   任务 2-1-3-2　预订部业务知识——预订渠道与方式 ····················· 041
项目 2-2　预订服务 ··· 043
   任务 2-2-1　一般服务流程 ·· 043

任务 2-2-2　不同预订渠道服务中的注意事项 ·················· 045
　　　任务 2-2-3　团队预订 ·················· 047
　　　任务 2-2-4　预订控制 ·················· 049
　后置活页 ·················· 052

模块三　接待处

前置活页 ·················· 053
项目 3-1　接待处基础知识 ·················· 055
　　　任务 3-1-1　接待处工作职责 ·················· 055
　　　任务 3-1-2　接待处工作标准 ·················· 059
　　　任务 3-1-3-1　接待处业务知识——常用支付方式 ·················· 063
　　　任务 3-1-3-2　接待处业务知识——单据流向知识 ·················· 067
　　　任务 3-1-3-3　接待处业务知识——酒店房态管理 ·················· 069
项目 3-2　前台入住服务 ·················· 071
　　　任务 3-2-1　散客入住 ·················· 071
　　　任务 3-2-2　团队入住 ·················· 074
　　　任务 3-2-3　VIP 入住 ·················· 077
　　　任务 3-2-4　其他类型客户入住 ·················· 079
项目 3-3　入住期间其他服务 ·················· 081
　　　任务 3-3-1　变更离店时间 ·················· 081
　　　任务 3-3-2　续住服务 ·················· 083
　　　任务 3-3-3　加床服务 ·················· 084
　　　任务 3-3-4　房间增加住客服务 ·················· 085
　　　任务 3-3-5　换房服务 ·················· 086
　　　任务 3-3-6　保密服务 ·················· 088
　　　任务 3-3-7　外币兑换服务 ·················· 089
项目 3-4　前台退房服务 ·················· 092
　　　任务 3-4-1　散客退房 ·················· 092
　　　任务 3-4-2　团队退房 ·················· 095
　　　任务 3-4-3　VIP 退房 ·················· 097
　　　任务 3-4-4　其他类型客户退房 ·················· 098
后置活页 ·················· 100

模块四　礼宾部

前置活页 ··· 101

项目 4-1　礼宾部基础知识 ··· 103
　　任务 4-1-1　礼宾部工作职责及流程 ·· 103
　　任务 4-1-2　礼宾部工作标准 ·· 106
　　任务 4-1-3　礼宾部常用设备相关知识 ·· 110

项目 4-2　礼宾行李服务 ··· 113
　　任务 4-2-1　散客行李服务 ·· 113
　　任务 4-2-2　团队行李服务 ·· 115
　　任务 4-2-3　换房行李服务 ·· 117
　　任务 4-2-4　行李寄存服务 ·· 118

项目 4-3　酒店代表服务 ··· 121
　　任务 4-3-1　机场、码头、车站接送服务 ··· 121
　　任务 4-3-2　酒店贵宾车服务 ·· 124
　　任务 4-3-3　电召出租车服务 ·· 126

项目 4-4　礼宾其他服务 ··· 127
　　任务 4-4-1　问询服务 ··· 127
　　任务 4-4-2　留言服务 ··· 128
　　任务 4-4-3　物品租借服务 ·· 130
　　任务 4-4-4　委托代办服务 ·· 132

后置活页 ··· 134

模块五　总机房

前置活页 ··· 135

项目 5-1　总机房基础知识 ··· 137
　　任务 5-1-1　总机房工作职责 ·· 137
　　任务 5-1-2　总机房工作标准 ·· 140
　　任务 5-1-3　总机房业务知识 ·· 141

项目 5-2　总机房主要服务 ··· 144
　　任务 5-2-1　电话转接服务 ·· 144
　　任务 5-2-2　物品输送服务 ·· 146

任务 5-2-3　叫醒服务 …………………………………………………… 147
　　任务 5-2-4　免打扰服务 …………………………………………………… 150
　　任务 5-2-5　爱心房应急服务 ……………………………………………… 151
后置活页 …………………………………………………………………………… 152

模块六　商务中心

前置活页 …………………………………………………………………………… 153
项目 6-1　商务中心基础知识 …………………………………………………… 155
　　任务 6-1-1　商务中心工作职责 …………………………………………… 155
　　任务 6-1-2　商务中心工作标准 …………………………………………… 157
　　任务 6-1-3　商务中心业务知识 …………………………………………… 159
项目 6-2　商务中心主要服务 …………………………………………………… 161
　　任务 6-2-1　打印、复印、装订及传真服务 ……………………………… 161
　　任务 6-2-2　订票服务 ……………………………………………………… 163
　　任务 6-2-3　其他服务 ……………………………………………………… 165
后置活页 …………………………………………………………………………… 166

模块七　行政楼层

前置活页 …………………………………………………………………………… 167
项目 7-1　行政楼层基础知识 …………………………………………………… 169
　　任务 7-1-1　行政楼层工作职责 …………………………………………… 169
　　任务 7-1-2　行政楼层工作标准 …………………………………………… 172
　　任务 7-1-3　行政楼层业务知识 …………………………………………… 173
项目 7-2　行政楼层主要服务 …………………………………………………… 175
　　任务 7-2-1　行政楼层入住服务 …………………………………………… 175
　　任务 7-2-2　行政楼层退房服务 …………………………………………… 177
　　任务 7-2-3　行政楼层餐饮服务 …………………………………………… 179
　　任务 7-2-4　行政楼层会议服务 …………………………………………… 181
后置活页 …………………………………………………………………………… 183

模块八　大堂副理

前置活页 …………………………………………………………………………… 185

项目 8-1　大堂副理基础知识 …………………………………………………… 187
　　任务 8-1-1　大堂副理工作职责 ……………………………………………… 187
　　任务 8-1-2　大堂副理工作标准 ……………………………………………… 191
　　任务 8-1-3　大堂副理业务知识 ……………………………………………… 193

项目 8-2　宾客关系服务 ………………………………………………………… 196
　　任务 8-2-1　VIP 服务 ………………………………………………………… 196
　　任务 8-2-2　遗留物品处理 …………………………………………………… 199
　　任务 8-2-3　宾客投诉处理 …………………………………………………… 204
　　任务 8-2-4　贵重物品寄存 …………………………………………………… 209
　　任务 8-2-5　个性化服务 ……………………………………………………… 211
　　任务 8-2-6　网评服务与管理 ………………………………………………… 213
　　任务 8-2-7　大堂副理查房 …………………………………………………… 216

后置活页 …………………………………………………………………………… 219

参考文献 …………………………………………………………………………… 220

模块一　前厅部基础知识

前置活页

适用职位	预订员、接待员、礼宾员、总机话务员、行政楼层接待员、商务中心文员、大堂副理
内容属性	通用性知识与技能、个性化知识与技能
适用层次	中职学生、高职学生、本科学生
学习方式	课堂教学、校内实训、岗位实践
学习目标	1. 全面认识前厅部主要职能与组织架构； 2. 了解前厅部行为规范、管理规定和应急预案； 3. 掌握前厅部常用设备和系统的使用方法。
评价方式	理论考核、实训考核
课程引入	
案例导入	

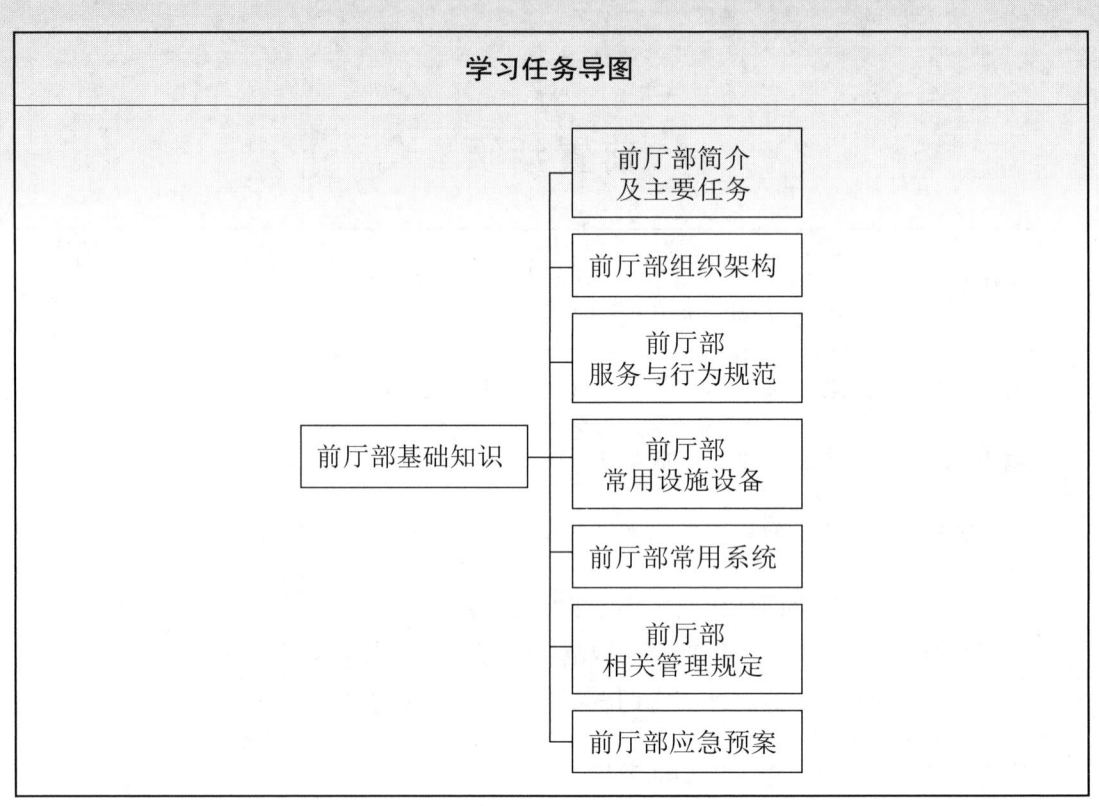

当一个人一心一意做好事情的时候,他最终必然会成功。

——卢梭

任务 1-1　前厅部简介及主要任务

❖ 课程模块

部门基础知识

❖ 学习目标

通过本课程的学习，了解前厅部的职能，掌握前厅部主要服务的工作流程。

❖ 学习任务导图

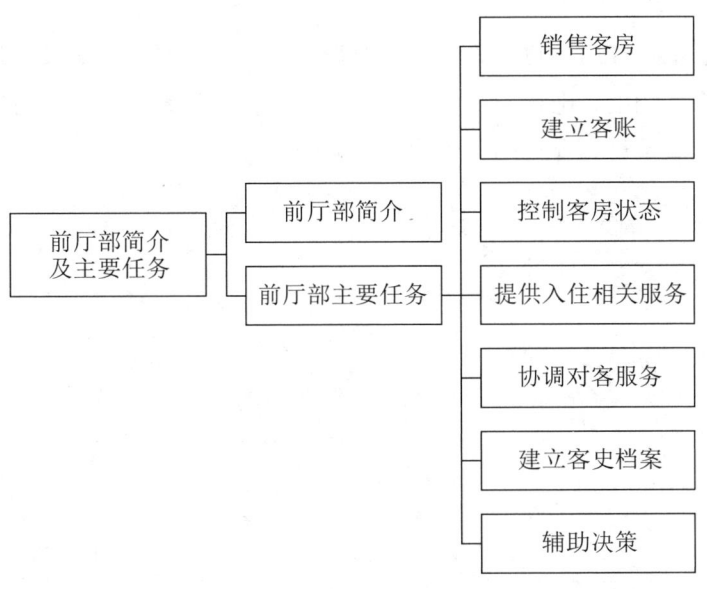

前厅位于酒店门厅处，是包括酒店大门、大堂、总服务台在内的为客人提供服务的综合区域。前厅部的主要工作目标是，尽最大可能推销酒店客房和其他产品，并协调酒店各部门对客服务，使酒店获得理想的经济效益和社会效益。对酒店来说，前厅部具有以下七大职能。

1. 销售客房

销售客房，是前厅部的首要任务。前厅部要开展市场调研，把握市场脉搏，提高客房的竞争力；要积极开拓多种渠道拓展客房预订业务；要向未预订直接抵店的散客推荐客房、分配客房；为入住客人办理入住登记手续等。

2. 建立客账

前厅部为住店客人分别设立账户，在客人住宿期间，接收各营业部门转来的客账资料并及时入档；要保持最准确的账单资料；监督宾客信用情况，完成每日审核工作；为离店客人办理结账、转账及收款事项。

3. 控制客房状态

客房状态，即房态（Room Status）。前厅部销售客房的前提条件，就是要有准确的房态资料。房态资料来源有两处：一是客房部提供的楼层房态表，二是前厅部持有的房态资料。

4. 提供入住相关服务

前厅部除了承接客房预订、办理入住登记手续外，还必须准确及时地为客人提供邮件、问询、留言、钥匙、电话、商务、行李及委托代办等系列服务。可以说，前厅部的员工参与了客人从预订到评价的各个阶段（见图1）。

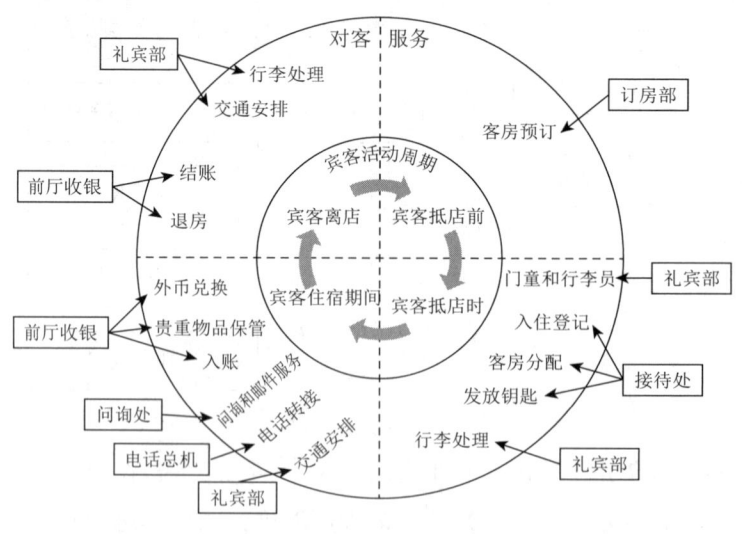

图1 对客服务的主要工作

5. 协调对客服务

酒店一切工作的中心就是满足客人的需要。前厅部利用其酒店代言人的角色来处理对客关系，将住店客人的要求传递给有关部门，同时将客人的投诉意见及时反馈给相关部门，并及时监督落实情况，以保证酒店的服务效率和质量。

6. 建立客史档案

住客历史档案，是以客人第一次入住时登记表格内的内容和客人的特殊需要为主要依据建立起来的，以后客人每次入住的情况都会作为资料列入住客历史档案内。其目的是，为客人提供针对性服务，并作为酒店开展营销活动的依据。

7. 辅助决策

前厅部处于酒店业务活动的中心地位，每天都能接触大量的信息，如有关客源市场、产品销售、营业收入和客人意见等。因此，前厅部应当充分利用这些信息，将统计分析工作制度化和日常化，及时将有关信息整理后向酒店的管理机构汇报，与酒店有关部门沟通，以便其采取对策，适应经营管理上的需要。为了起到决策参谋的作用，前厅部还应当将有关市场调研、客情预测、预订接待情况、客史资料等收存建档，以充分发挥这些原始资料的作用，真正使前厅部成为酒店收集、处理、传递和储存信息的中心。

任务1-2 前厅部组织架构

❖ 课程模块

部门基础知识

❖ 学习目标

通过本课程的学习，了解前厅部的组织架构。

❖ 学习任务导图

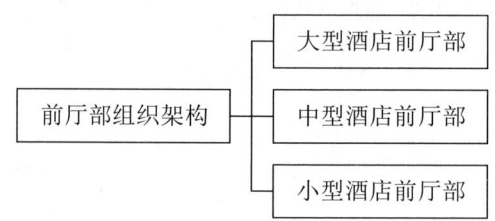

酒店规模大小不同，前厅部组织架构可以有很大的区别。此外，当今酒店的预订处虽多从前厅部的组织架构中分离，设置于营销部或收益管理部中，但为保证前厅部组织架构呈现的完整性，以下三种规模酒店的前厅部组织架构仍保留预订处。

大型酒店的前厅部内设有部门经理、主管、领班和服务员四个管理层次，同时，下设预订处、接待处等班组（见图2）。

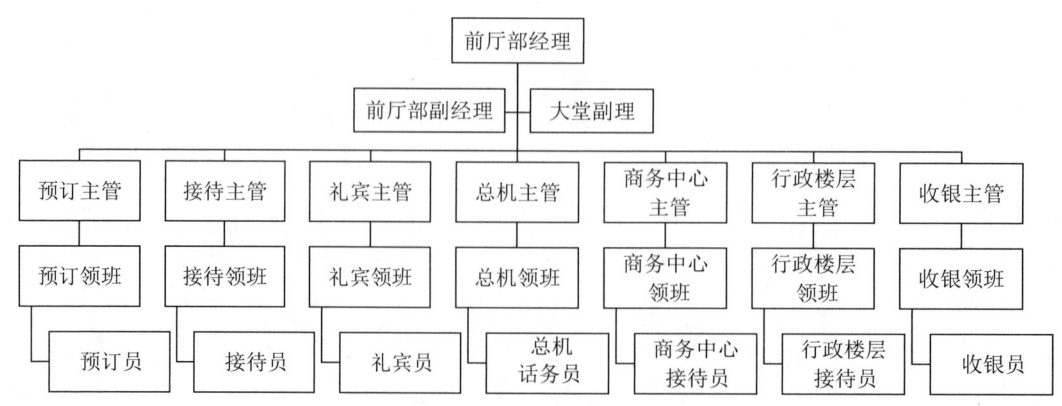

图2 大型酒店前厅部组织架构

在中型酒店内，前厅部是一个与客房部并列的独立部门，直接向房务总监负责。在这种管理模式下，前厅部下设部门经理、主管和服务员三个管理层次（见图3）。

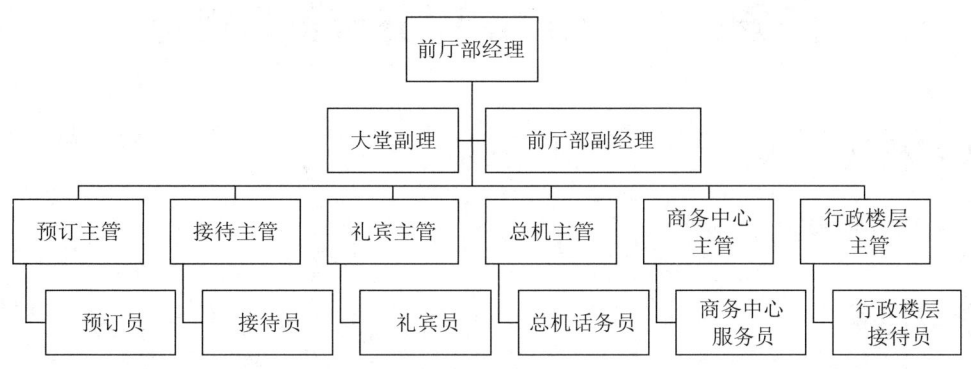

图3　中型酒店前厅部组织架构

一些小型酒店内，不单独设立前厅部，其功能由总服务台来承担（见图4）。总服务台作为一个班组隶属于客房部，只设主管和总台服务员两个管理层次。但是，随着市场竞争的日益激烈，这些小型酒店也增设了前厅部，扩大了业务范围，以强化前厅部的推销和"枢纽"功能，发挥其参谋作用。

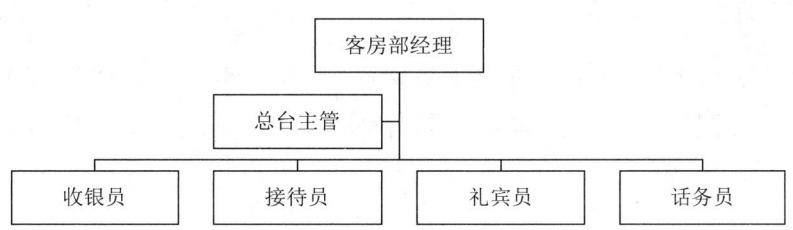

图4　小型酒店前厅部组织架构

任务 1-3　前厅部服务与行为规范

❖课程模块

部门基础知识

❖学习目标

通过本课程的学习，掌握前厅部的服务宗旨、服务原则与礼仪、行为规范等。

酒店员工的仪容仪表、礼节礼貌代表酒店形象，直接影响宾客的心理活动，最终影响酒店的经济效益与声誉。因此，规范、整洁、优雅的仪容仪表，温文尔雅的行为举止，是酒店对每一个员工的基本要求。

1. 服务宗旨

"宾客至上，服务第一"是我们的服务宗旨，"客人永远都是对的"是前厅部的座右铭。对此，每一位员工必须深刻体会，贯彻落实到一言一行中去，为宾客创造一个"宾至如归"的环境。

2. 服务原则

（1）不卑不亢，落落大方。不必过分地殷勤和过多地关注，合乎礼节礼仪即可。

（2）按服务规程行事。一线员工要熟知自己工作中的服务规程，不能违反操作规程。

（3）平等待客。每一位来客尽管经济、社会地位有所不同，但客人来到酒店消费，服务人员都应一视同仁、平等对待，不应厚此薄彼。

3. 礼仪规范

（1）在接待过程中，员工始终要保持微笑的表情，和蔼可亲；表情切忌冷漠或高傲，不能表现出目中无人或不耐烦的样子；遇事要沉着冷静，表情含蓄，得体大方，给宾客一种可亲可信之感。

（2）为宾客指引方向时，手指自然并拢，掌心向上，眼睛要看目标，并兼顾对方是否看到指示的目标；手势不宜用得过多，动作幅度不宜过大，身体稍向前倾。

（3）如遇宾客从对面走来，要向宾客行礼。须注意在适当的距离，首先注视客人，稍后点头示意，同时说"您好"。行礼时，要稍停步或放慢步伐，面带微笑，轻轻点头；如正在工作，可暂停手中的工作，以便客人感到更受尊重。

4. 语言规范

（1）语言礼貌得体、音量适中；
（2）委婉灵活，能根据不同地点、场合和具体情况灵活使用语言；
（3）三人以上对话时，应使用互相都懂的语言；
（4）不用粗言恶语，不使用蔑视和侮辱性的语言；
（5）不讲有损酒店形象的语言。

5. 站姿规范

（1）站立端正、挺直；
（2）不靠墙，抬头、挺胸、收腹、双目平视；
（3）注意手摆放的位置：或者自然下垂，或者合手放于前，或者双手背于后，但不要把手插在口袋里。

6. 坐姿规范

（1）入座轻缓，上身正直，双膝并拢或双腿交叉；女员工注意确保裙子总是放下弄平后再坐下；
（2）坐椅子的三分之二；
（3）腰部挺直，挺胸、抬头、双肩放松平放，双目平视；
（4）不可抖腿、跷脚。

7. 走姿规范

（1）抬头、挺胸、收腹，两眼平视，肩要平、身要直，两臂自然下垂摆动，腿要直；
（2）步履轻盈，行走不拖沓；
（3）行走时，不可摇头晃脑、吹口哨、吃零食、左顾右盼、手插口袋或打响手指；
（4）行走时，不与他人拉手，搂腰搭背。

8. 蹲姿规范

（1）下蹲、屈膝，以一膝微屈为支撑点，将身体重心移至此，另一腿屈膝，将腰慢慢直下拿取物品；
（2）不要撅臀部、弯上身、低垂头。

9. 公共场所行为规范

（1）严禁在公共场所攀肩搭背、追逐打闹、喧哗、争吵、斗殴；

（2）不要在公共场所抠鼻孔、抓痒、剔牙缝、系皮带、系鞋带、提裤子、拉丝袜、照镜子、抹口红、伸懒腰，检查裤裙是否拉好；

（3）打哈欠时，要捂嘴；

（4）打喷嚏时，要侧头捂嘴，随后说声"对不起"；

（5）严禁随音乐或节奏摇摆及大声唱歌；

（6）不得模仿他人的语言、声调和谈话，不开过分的玩笑；

（7）不以任何借口顶撞、讽刺、挖苦客人；

（8）不高声辩论、大声争吵、高谈阔论。

任务 1-4　前厅部常用设施设备

❖ 课程模块

部门基础知识

❖ 学习目标

通过本课程的学习，认识前厅部常用的设施设备。

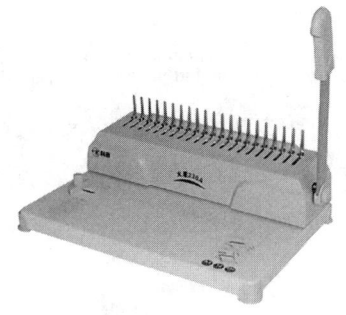

装订机

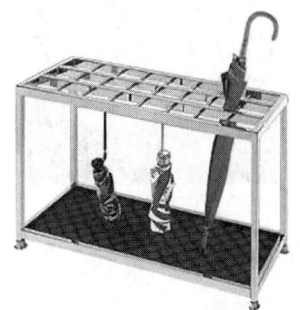

雨伞架

小行李车

大行李车

碎纸机

切纸机

保险箱

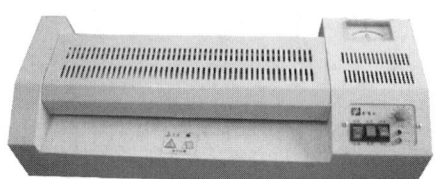
过塑机

大型打印机

电脑

对讲机

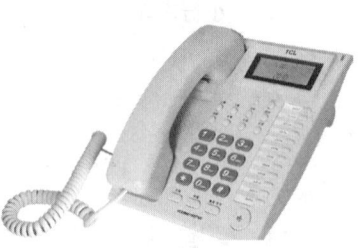
电话

模块一 前厅部基础知识

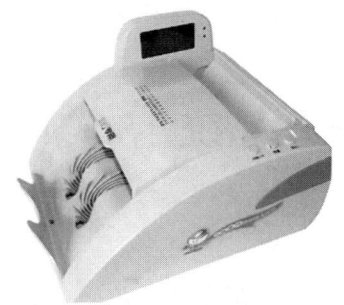
验钞机

打印机

传真机

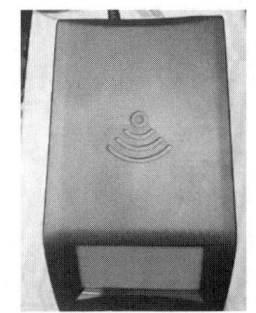
房卡制卡机

POS 机

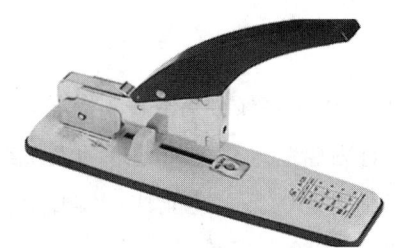
订书机

身份证阅读器

人证核验设备

任务 1-5　前厅部常用系统

❖课程模块

部门基础知识

❖学习目标

通过本课程的学习，了解前厅部常用的系统。

❖学习任务导图

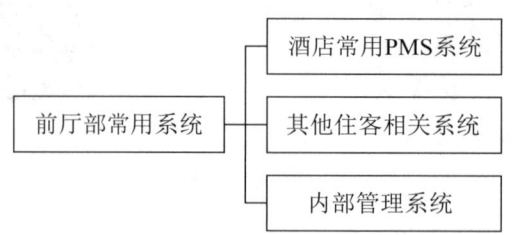

酒店 PMS 系统（Property Management System，酒店管理系统）是一个以计算机为工具，对酒店信息管理和处理的人机综合系统，它不但能准确及时地反映酒店业务的当前状态、房源状态，还能快速实现客人从预订、入住到财务对账等一系列操作。此外，酒店 PMS 系统不仅是一个数据统计的数据库，还能够提供各方面的报表，且利用数据进行统计分析，从而更有利于酒店的经营和管理。

1. 酒店常用 PMS 系统

（1）ECI（EECO）酒店系统

ECI 系统是 1969 年美国 EECO 公司开发研制的酒店管理系统，主要用于预订和排房。20 世纪 80 年代，ECI 发展成为完善的酒店管理信息系统。该系统曾在中国拥有杭州香格里拉饭店、广州中国大酒店等客户。

（2）HIS 酒店系统

HIS 系统于 1977 年发布，基于 Novell 局域网和 Orcale 数据库研发。该系统曾应用于北京王府饭店、北京长城饭店、上海锦江酒店等，目前全球拥有 4000 多家用户。

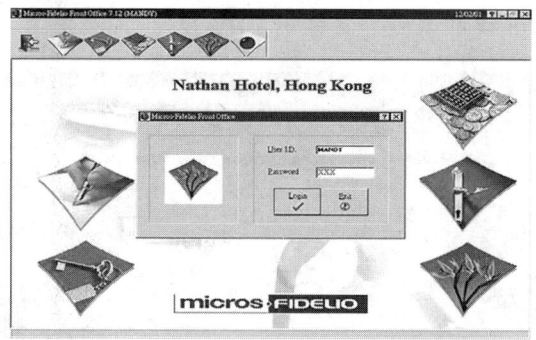

（3）Fidelio 酒店系统

Fidelio 系统于 1987 年由德国公司研发。Fidelio 系统应用于全球 1.6 万多家酒店，是外资酒店应用最多的系统。此系统可以查看预期到达和已入住顾客的信息，还可查看在特定日期的预订，或查看能满足某些预订要求的房间。

（4）Opera 系统

Opera 系统是 Fidelio 系统的升级版，可用于查询客史、房态、办理入住、收取费用等。

（5）国内 PMS 系统

20 世纪 80 年代，国内的一些科研机构开始从事 PMS 系统的研究，主要有清华大学、西安交通大学、电子工业部、浙江技术所等机构。其中，金国芬教授 1984 年用 Foxpro 为北京前门饭店建立了国内第一套酒店信息系统。到了 80 年代中后期，国外的酒店管理逐步引入国内，经过消化吸收，在 90 年代初期形成了比较成熟的系统。国内的 PMS 软件主要有西湖软件 Foxhis、中软好泰 CSHIS、金天鹅、千里马、华仪软件等。

西软酒店管理系统功能模块齐全，操作方便快捷，入住可以在系统内直接扫描证件生成客户档案、根据客户入住时间直接在系统制作房卡等便捷功能。

2. 其他住客相关系统

房卡管理系统 用于制作房卡。

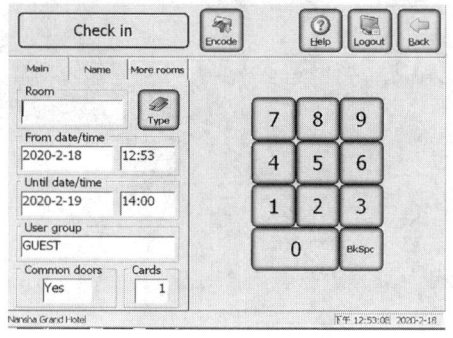

外部预订系统 精准管理预订，处理每一笔订单。

自助入住系统 为客人提供自主办理入住手续的渠道。

手机门匙系统 数字钥匙可以打开任何通常用普通钥匙开的门，包括房间、电梯、侧门、健身中心，甚至停车场。

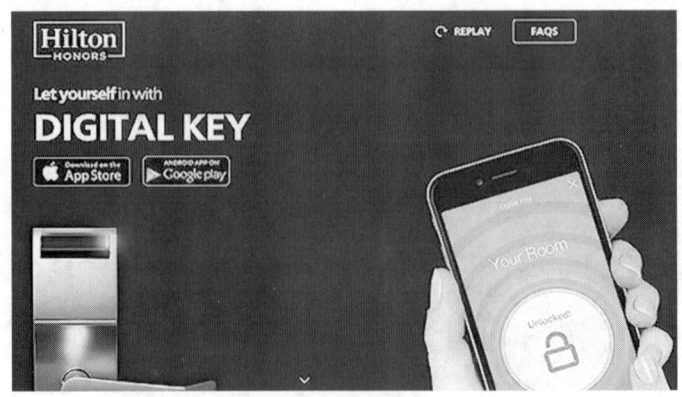

微信与支付宝收费系统 集微信、支付宝收取预授权、消费于一身的机器。

卡券核销系统 客人购买产品后，入住时出示卡券码，用核销机进行扫码或者输入客人的订单号核销并打印。

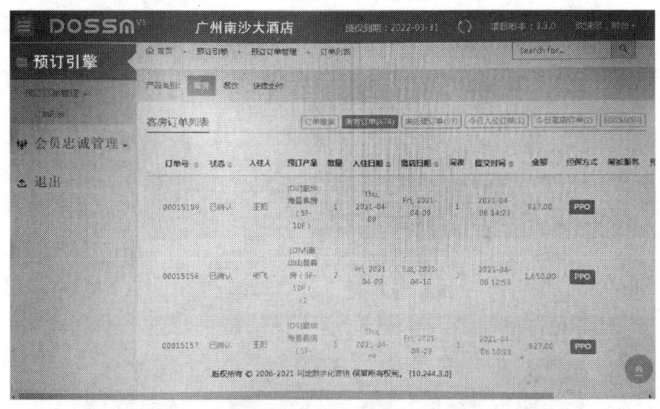

发票管理系统 可为宾客提供开票服务，目前全国推行增值税电子发票。

传真系统 用于收发传真。

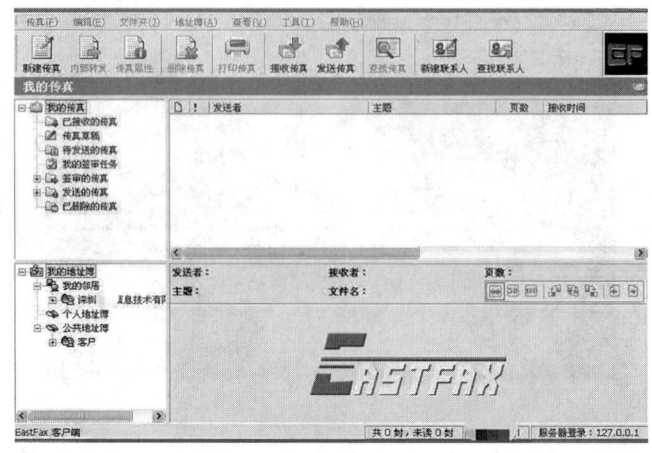

话务台系统 用于转接通过话务台的每一通外内线电话。每台话务台能同时处理6条电话线路（包括外线及内线），提供来电显示及记录、显示转接状态以方便工作。

叫醒系统 用于提供叫醒服务。

计费系统 用于记录酒店所有分机（包括客房及其他客用电话），所有打出的已通话的外线电话以便于收费。

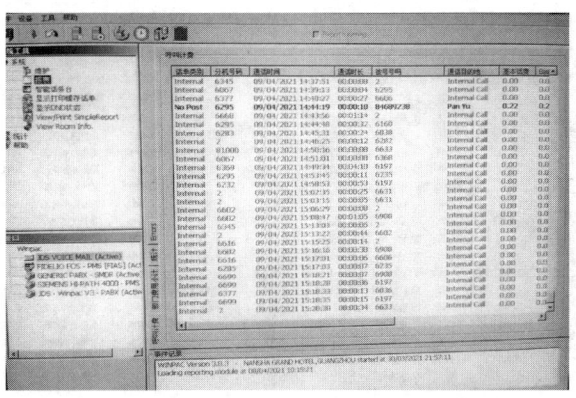

智能停车收费系统 用于计算并收取客人的停车费用。

旅馆业治安管理信息系统 要求必须将客人信息及从业人员信息及时准确上传到系统。

住客体验管理系统 对客服务的任务下单，如房间的物品输送、叫醒服务、房间清洁赶房、行李寄存、遗留查找、客人换房等功能。

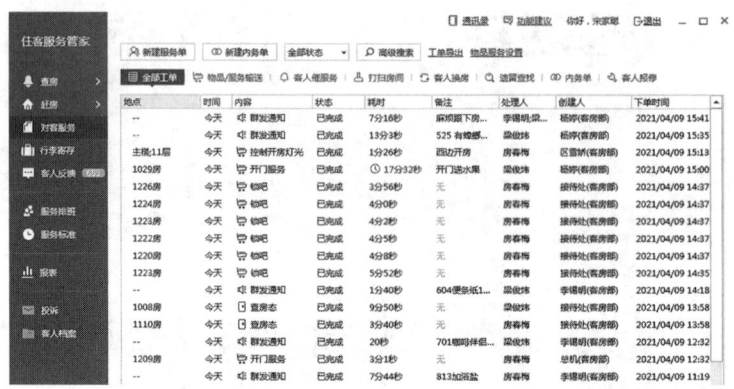

3. 内部管理系统

OA（Office Automation，办公自动化）信息管理系统 用于内部信息的上传与存档。

培训管理系统 用于部门制作培训计划，培训总结及相关的培训任务的安排。

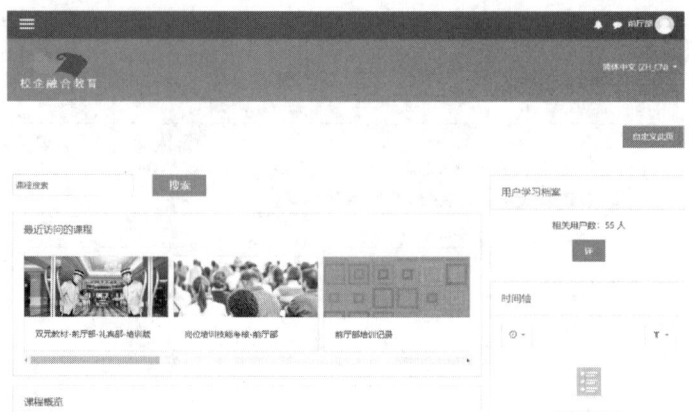

任务管理系统　用于整个部门每日、每周、每月计划任务的分配及完成。由部门经理在系统内下单给相关跟进人员，跟进人员可在手机客户端点击完成。

工程报修管理系统　用于酒店内部工程维修下单。

IC 智能控制台系统 可查看、更改酒店所有分机及客房电话的等级、语言、名称及 DND 状态，可 C/I、C/O 分机线路。

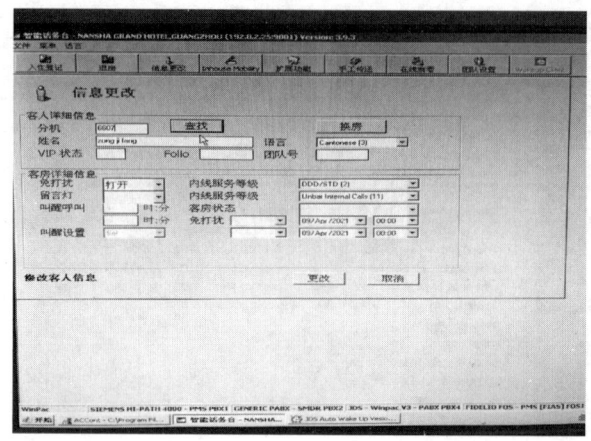

iOffice.net 用于查看宴会预订的时间、地点与日期。

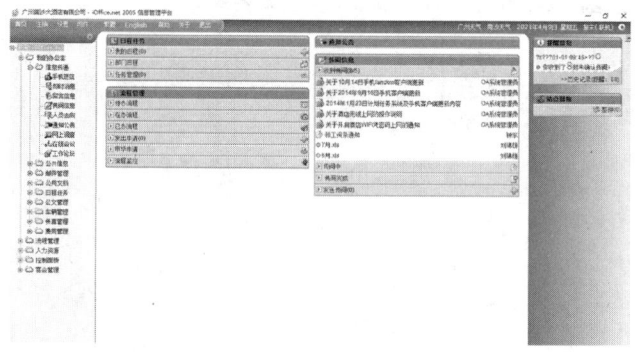

酒店 AI 电话智能管理系统 可以智能接听和拨打电话，实现对客服务和业务处理，分担酒店总机工作量的同时，及时处理住中客人需求，同时实时记录和监督工作流程，降低运营管理成本。

任务 1-6　前厅部相关管理规定

❖ 课程模块

部门基础知识

❖ 学习目标

通过本课程的学习，了解前厅部的管理规定。

1. 服从及请示

（1）必须服从上司的工作安排及班期安排；依时完成任务，不得无故拖延、拒绝或中止工作。

（2）熟悉本职范围所有业务知识，如有疑难应速向直属上司请示，因无故拖延、拒绝或中止工作引起的不良后果由当事人承担。

（3）用餐时间通常为 30 分钟，若有特殊情况应向主管说明。

（4）严格遵守酒店考勤制度，不迟到、不早退、不旷工。

（5）可以越级投诉，但必须逐级汇报，不可越级汇报。

2. 交接班规范

（1）任何形式的交接，均以文字记录为准。

（2）当值期间未完成的事情，须在交班本上写明；接班人应认真阅读交班本内容，接班负责人根据交接工作内容做好安排，并指定负责跟办员工签名确认；跟办员工应努力在本班次内完成，若仍未完成，则继续交接下去，直到全部完成为止。

（3）如涉及需几天后才能跟办完成的工作，也必须一班一班地交接下去。

（4）交接的工作一旦完成，必须注明完成的效果并由完成人签名。

（5）休假返回工作岗位，必须重新阅读休假期间所有交班内容，因未及时阅读交接班记录引起的不良后果由当事人负责。若已交班，但接班人没有完成且没有再次交班，则按事情严重程度予以处罚。

3. 印章的种类及使用规范

（1）"前台接待处"章：用于以"前台接待处"名义发出的通知、证明、单据等的盖章，如客人的"住店证明"等。

（2）"前台收银"章：用于以"前台收银"名义发出的关于收银方面的证明、单据等的盖章，如收据、账单等。

（3）"已开发票"章：已开发票的单据必须加盖此章，如账单、收据等。

（4）"作废"章：用于作废且不可销毁的财务单据，如发票、收据等。

4. 发票管理政策

发票统一登录财务部指定的平台或者软件，按实际金额和项目进行开具。每一张都必须严格登记好，存放于前台。

5. 代金券管理及操作规范

（1）客人凭代金券可在酒店任意营业点消费；在客人退房时，按要求进行平账；打印的账单上需注明消费券号码，注明结账方式为消费券；账单需客人签名确认。

（2）代金券投款时需在右上角处剪去一角，随现金一起投款；出纳收到随现金投款回收券后，于登记表中核销。房券需在右上角处剪去一角，并订上"宾客入住登记单"后交稽核。

（3）票券不进行挂失操作、不退现，无须授权，只能一次性消费。

（4）作废的票券需加盖"作废"章，随现金一起投出纳。

（5）不可将客人的票券据为己有，也不得私自与客人进行票券交易；严禁使用任何票券套取现金，否则按酒店人事制度予以开除处分。

6. 前台备用金管理政策

（1）班班交接，前账不清后账不接；如因交接不清出现少款，由接款方自行承担。

（2）当班如有外币兑换或者现金收入为负的，需将相应外币或报表交当班主管补齐，方可交接给下一班；否则接款方可拒绝交接。

（3）主管休假五天（含）以上的，需将自己管理的备用金上交接待经理。

（4）未经接待经理或部门经理批准，不得将备用金借给任何部门或个人。

（5）每天交接班填写备用金交接本，核对无误后交接下一班。

任务 1-7　前厅部应急预案

❖ 课程模块

部门基础知识

❖ 学习目标

通过本课程的学习，掌握前厅部各种突发情况的应急预案。

1. PMS 系统瘫痪应急方案

系统正常运作期间，接待处每日必须调出 PMS 系统即时信息存档以打印关键性报表。存档时间段定为 11:00、20:00、02:00。当系统出现故障而无法正常使用时，立即启用应急方案。

（1）制作手工"在住客人报表"并派送。

①手工操作每个环节都是至关重要的，需要每位员工每项工作都确保准确无误，主管需重复核查；

②与大堂副理保持密切沟通，配合大堂副理做好 VIP 接待工作。

（2）做好相关的告示工作和对客的解释工作。手工操作，可能会降低效率，导致客人需要排队等候。这时，需要全体同事齐心协力发挥团队精神，分工协作才能完成。接待员要善于与客人解释，征得客人的谅解。主管要控制好场面，稳定情绪，引导当班同事做到耐心、不急躁、不慌张、分工合理。

（3）系统恢复后安排同事加班加点，及时将丢失的数据补入系统并核查。

（4）如持续几天，需安排同一批员工同班次，可更熟练操作程序。

（5）面对其他部门的电话咨询，应耐心解答，互相配合方能解决问题。

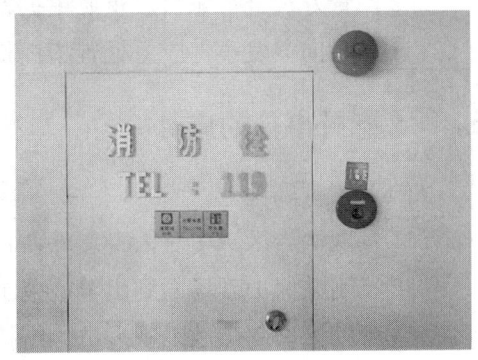

2. 消防安全应急预案

（1）大堂副理

①大堂副理应为酒店消防应急小分队成员；

②督导总机话务员做好通知工作；

③根据现场情况联系医生、救护车，落实送医救治事项；

④与着火区域工作人员一同引导客人有序疏散，做好客人的安抚解释工作。

（2）前台接待员

①打印住客信息到疏散集合点与公关销售部一同清点客人，做好安抚工作；

②做好当班营业收入保管工作。

（3）礼宾员

在酒店大堂，引导客人疏散，劝阻欲返回房间的客人，并做好解释工作。

（4）总机话务员

①接到消防中心值班员电话后，按其要求快捷、明了、不遗留地通知应急小分队成员、其他部门负责人（启动应急预案后）；

②根据现场指挥员、大堂副理的要求，做好其他通信工作；

③做好对客解释和必要的引导工作。

3. 紧急停电的应急处理

（1）大堂副理

①迅速掌握停电原因，协调各部门进行安全预防工作；

②安抚客人，做好解释；

③当供电恢复正常后，协调各岗位检查设备；

④如果停电时间较长，需给客人派发致歉信及小礼品。

（2）礼宾员

①迅速开通备用电源或点燃蜡烛、打开手电筒等提供照明；

②在大厅门口、电梯间、楼梯口处值守，劝阻客人进出大厅，防止客人发生意外；

③随时留意客人情况，防止生病、失窃等意外事件发生。

（3）接待员

①平时做好电脑重要资料的备份、保管、随时转移的准备；

②保管好现金、账目、重要单据票证等；

③及时向突发事件应急处置指挥机构提供住店客人资料。

4. 意外事件的应对

（1）大堂副理

①发现酒店区域内有人身意外伤亡事件发生，立即报告保安部；

②封闭并保护现场，划出警戒范围，不要触摸现场物品；

③协助保安部疏散围观人员，维持现场秩序；

④事后对受影响的客人和员工，给予慰问和关心。

（2）礼宾员、接待员

①发现意外情况第一时间上报大堂副理，并记清现场情况；

②配合大堂副理的工作。

5. 总机房小火情的应急处理

（1）值班室与机房连通门要处于常闭状态；

（2）发生小火情时，用岗位处的二氧化碳灭火器进行灭火；

（3）必要时按下固定处的气体灭火系统的手动紧急启动按钮（灭火气体有一定毒性，启动时值班室内不能有人逗留）。

6. 柜台工作人员安全受到威胁时的应急处理

（1）当人身安全、财产安全受到威胁时，礼宾和接待处人员均要找机会向消防中心报警；

（2）不动声色踩下紧急报警开关（礼宾台、接待台、收银台）。

后置活页

★思政要点★

职业荣誉感

职业荣誉感，是指一定的社会或集团对人们履行社会义务的道德行为的肯定和褒奖，是特定人从特定组织获得的专门性和定性化的积极评价，作为从事本职业的个人因意识到这种肯定和褒奖所产生的道德情感。它是每个职业人，做好自己职责范围内的事情的那种职业责任感及做好职业之后在社会上获得的尊敬、自尊及感到光荣的一种感觉。无论你的职业是什么，只要做出了一流的水平，为社会做出了贡献，而都能够实现自己的价值。

充分了解岗位、行业和社会发展状况，不断增强职业荣誉感和行业自豪感。每个酒店人都应该为实现"旅游业成为新兴的战略性支柱产业和具有显著时代特征的民生产业、幸福产业"的目标，而踏实工作、努力奋斗。

课程模块小结

课后习题	案例分析	拓展知识
[二维码]	[二维码]	[二维码]

学习心得

模块二 预订部

前置活页

适用职位	预订员
内容属性	通用性知识与技能、个性化知识与技能
适用层次	中职学生、高职学生、本科学生
学习方式	课堂教学、校内实训、岗位实践
学习目标	1. 了解预订部业务知识、工作职责与标准； 2. 掌握预订服务的一般流程
评价方式	理论考核、实训考核
课程引入	
案例导入	

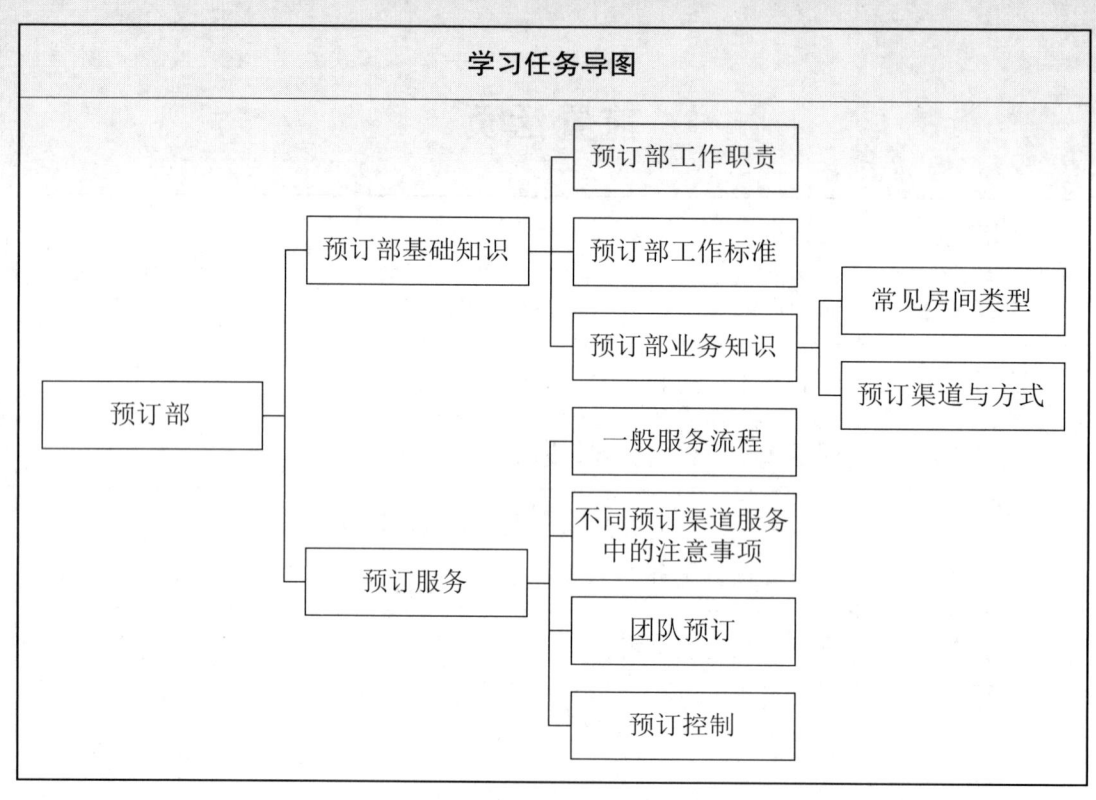

微笑是沟通心灵的金桥。

项目 2-1 预订部基础知识

任务 2-1-1 预订部工作职责

❖ 课程模块

部门基础知识

❖ 学习目标

通过本课程的学习,了解预订部的部门职能和预订文员的岗位职责与日常的工作流程。

❖ 学习任务导图

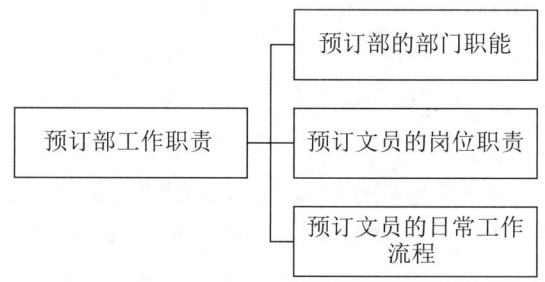

1. 预订部的部门职能

预订部是前厅部的一部分,是调节和控制整个酒店房间预订、销售的中心。在预订部工作的每一位职员必须明确,虽然多数情况下自己不是面对面地为客人服务,但往往是客人正式接触酒店的第一个人。扮演好这个角色,就要在电话、邮件和信息来往中为客人送上热情的服务。

预订部的工作最终目标,是争取客房收益最大化:一方面争取酒店客房销售业绩,另一方面使客人预订到理想的客房。因此,每个职员必须熟悉房间种类及订房的有关操作规程,并掌握房间分配和价格优惠的相关规定。

2. 预订文员的岗位职责

（1）认真做好预订工作；

（2）打印查看报表；

（3）查看交班，处理上一班交班的工作；

（4）了解最新房间流量情况及当日可卖房间状况；

（5）接收并输入预订信息（电话、传真、网上预订等）；

（6）完成"线上"预订平台的对外客服工作；

（7）确认散客预订；

（8）为有预订的散客提供交通指引；

（9）收到延住传真及时转交前台处理；

（10）检查次日到店散客；

（11）检查次日到店 VIP；

（12）检查次日到店接机。

3. 预订文员的日常工作流程

（1）打开所有工作需要使用到的系统、PC 电脑、OTA（Online Travel Agency，在线旅游）登录后台和工作邮箱，检查电话机是否正常；

（2）认真阅读交班本，查看并熟悉近期开房情况；

（3）处理 NO-SHOW（未按预订时间抵店）扣款订单，归档预计到达订单、固定时段房态登记表；

（4）查看系统 TRACE（跟进代办事宜），并跟进相关事宜；

（5）会议报价：在会议登记本上登记相关信息并进行"循环"分配；

（6）处理电话咨询及预订：认真回答每一位客户的酒店咨询，及时、准确地向客人提供预订服务，详细记录好客人的预订要求；

（7）处理邮件及 OTA 预订：及时录入系统并进行归档，没能及时完成的应进行交接；

（8）跟踪团队预订和散客预订订单；

（9）在下班前上传客房预测报表、团体到达一览表等关键性表格至系统；

（10）与前台交接次日预计到达订单。

任务 2-1-2　预订部工作标准

❖ 课程模块

部门基础知识

❖ 学习目标

通过本课程的学习，掌握预订部的电话接听标准和预订系统内容输入标准。

❖ 学习任务导图

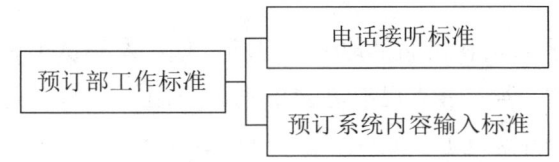

1. 电话接听标准

（1）电话应接技巧

预订部员工的重要工作之一就是接听客人来电。这些电话或订房或询问有关酒店的各种信息，比如酒店的位置、交通、相关服务设施、周边情况等。对于还没有到过酒店的客人来说，预订员接听电话的态度、提供的信息是他们认识酒店的第一个窗口。优秀的电话服务，礼貌、热情，能够提供客人所需的信息，甚至能够主动进行酒店服务销售，令人感觉愉快，为引导客人上门走出了关键一步；而糟糕的电话服务却能把本来对酒店有浓厚兴趣的客人拒之门外。

（2）电话应接基本要求

①注意用语

友好热情、语气和谐、语调婉转，使用礼貌用语，以殷勤的态度、亲切的语言抓住机会向客人推销酒店的房间和服务设施，并注意使用客人的姓氏称呼客人，这些都是对星级酒店预订员最基本的要求。

电话尽量在铃响三声内接起，如不能，则接电话时要向客人道歉"对不起，让您久等了"或"I am sorry to have kept you waiting"。如需客人等候时，最长不要超过 30 秒；

如需超过，则每 30 秒向客人汇报一次事情进度。

②提高效率

耐心听取客人的要求，按步骤询问其订房需求，并注意控制谈话时间（尽量在 2 分钟内完成）。如不能立即作答的问题，应记录对方的联络电话，待有结果时再立即答复对方。

③有效推销

预订员在工作中要扮演销售人员的角色。在登记预订的过程中，预订员常有个人销售陈述的机会。预订员要掌握一定的销售技巧，特别是 Up-Sale（增销）技巧，这样既能提供满足客人需要的房间类型，又能从本质上提升房间收入。

④准确记录

预订员从客人处获得的第一手订房信息，是客人在酒店所有信息的源头。记录时，一定要注意准确、完整。主要包括客人住店/离店的日期、房间类型及房价、付款方式、客人姓名的正确拼写、客人的联系方式，以及客人的特殊要求等。

预订员应与客人确认相关订房信息及酒店相关入住要求，保证信息的准确无误。

⑤及时输入

结束电话后应将客人资料快而准地输入电脑。如需发确认书，还要打印确认书，并在 24 小时内传给客人。若是客人已有客史资料，应用原有的资料做预订，在订单上注明"熟客"，并预先分好房间。

2. 预订系统内容输入标准

以 Fidelio 系统为例。

（1）客人姓名、会议名输入规范

①境内客人

Guest Name：用拼音输入姓，然后用中文输入全名

First Name：用拼音输入名

例如：

客人名：陈小明

Guest Name：CHEN 陈小明（中间不空格）

First Name：Xiao Ming（中间空一格）

②港澳台客人

Guest Name：用拼音输入姓，然后用中文输入全名

First Name：输入客人香港拼音的名字

例如：

客人名：林精育　香港拼音：LAM CHING YUK

Guest Name：LIN 林精育（中间不空格）

First Name：LAM Ching Yuk（中间空一格）

③日本、韩国等客人（指既有本国英文名，又有翻译过来的中文名）

Guest Name：输入中文名第一个字的中文拼音，然后输入中文名

First Name：输入其本国英文名

例如：

客人中文名：高桥政弘　英文名：MASAHIRO TAKAHASHI

Guest Name：GAO 高桥政弘（中间不空格）

First Name：MASAHIRO Takahashi（中间空一格）

④国外客人（只有英文名）

Guest Name：输入客人的 Surname

First Name：输入客人的 Given Name

例如：

客人名：JUSTIN JAMES FOLEY

Guest Name：FOLEY（Surname）（中间空一格）

First Name：Justin James（Last Name）（中间空一格）

⑤会议团名输入规范

Group Name：用拼音输入会议名的第一个字，然后用中文输入全名

例如：

会议名：广州××天然气发电有限公司工作会议

Group Name：GUANG 广州××天然气发电有限公司工作会议（中间不空格）

（2）城市名输入规范

在 PROFILES 里的城市名，应每个词的第一个字母大写，其余小写。

例如：香港

错误：HK 或 HONGKONG

正确：Hong Kong（中间空一格）

任务 2-1-3-1　预订部业务知识——常见房间类型

❖ 课程模块

部门基础知识

❖ 学习目标

通过本课程的学习，了解酒店常见的房间类型。

❖ 学习任务导图

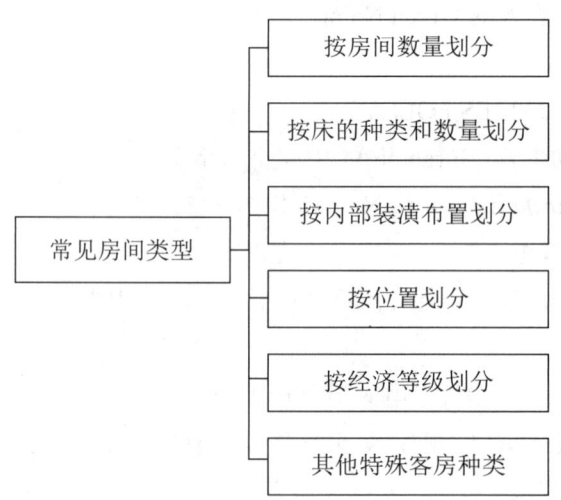

客房的分类方法很多，可按房间配备床的种类和数量划分，也可按房间所处的位置划分。客房类型多样，价格高低有别，才能满足不同旅游者的需求，尤其是适应不同消费能力的客人。

1. 按房间数量划分

（1）单间——一个房间。

（2）套间——两个以上房间。

2. 按床的种类和数量划分

（1）大床房（King-bed Room）：在房内放一张床的客房。目前高星级酒店出现的商务客房多以配备双人床并增设先进办公通信设备为特色。在以接待商务客人为主的酒店，大床房的比例逐渐增加，多者可占客房总数的 50%~60%。

（2）双床房（Two-bed Room）：双床房的种类很多，可以满足不同层次客人的需要。

配备两张单人床，中间用床头柜隔开，可供两位客人居住，通常称为"标准间"（Standard Room）。这类客房占酒店客房数的绝大部分，适应于旅游团队和会议客人的需要。同时，普通散客也多选择此类客房。

配备两张双人床（Double-double Room）可供两个单身旅行者居住，也可供夫妇或家庭旅行客人居住。这种客房的面积比普通标准间大。

此外，还有配备一张双人床、一张单人床（Double-single Room），或配备一张大号双人床、一张普通双人床（Queen-double Room），这类房间容易满足家庭旅行客人的需求。

3. 按内部装潢布置划分

（1）普通套间（Junior Suite）：一般是连通的两个房间，称双套间，又称双连客房。一间作卧室（Bed Room），另一间作起居室（Living Room），即会客室。卧室中放置一张大床或两张单人床，并附有卫生间。起居室设有供访客使用的盥洗室，内有便器与洗脸盆，一般不设浴缸。

（2）豪华套间（Deluxe Suite）：其室内陈设、装饰布置、床具和卫生间用品等都比较高级豪华，通常备大号双人床或特大号双人床。此类套间可以是两间，也可以是三至五间。按功能可分为卧室、客厅、书房、娱乐室、餐室或酒吧等。

（3）总统套间（Presidential Suite）：通常由五间以上的房间构成，多者达二十间。套间内男女主人卧室分开，男女卫生间分用。设有客厅、书房、娱乐室、会议室、随员室、警卫室、餐室或酒吧间以及厨房等，还有的设室内花园。房间内部装饰布置极为讲究，设备用品富丽豪华。因房价昂贵，出租率很低，一般四星级以上酒店才设。总统套间并非总统才能住，只是标志该酒店已具备了接待总统的条件和档次。

4. 按位置划分

（1）外景房（Outside Room）：窗户朝向公园、大海、湖泊或街道的客房。

（2）内景房（Inside Room）：窗户朝向酒店内庭院的客房。

（3）角房（Corner Room）：位于走廊过道尽头的客房。

（4）连通房（Adjoining Room）：室外两门毗连而室内有门相通的客房。

房间类型	楼层	人民币
豪华山景客房	5F-10F	1,680
豪华海景客房	5F-10F	1,880
商务山景客房	11F-14F	1,780
商务海景客房	11F-14F	2,000
天后套房	15F	2,550
珠江套房（1房1厅）	15F	6,300
南沙套房（2房1厅）	15F	8,280

5. 按经济等级划分

（1）经济间（Economy Room）：价格偏低，面积较小，一般房间面积小于14平方米，卫生间面积小于4平方米，设备较简陋。这种类型的客房在酒店的数量极少。

（2）标准间（Standard Room）：房间面积一般为14~25平方米，卫生间的面积为4~9平方米。旅游团体、会议客人和普通散客多选此类房间，这类客房占酒店客房的绝大部分。

（3）豪华间（Deluxe Room）：房间室内陈设、装饰布置、床具和卫生间用品都比较高级豪华，一般为套间，房间面积一般为25平方米以上，卫生间面积为9平方米以上。

除上述类型外，还有其他特殊形式。如根据客人的需要，把相对的两间客房或相邻的两间客房一起出租给客人使用，称为组合客房。还有多功能客房、残疾人客房等。

6. 其他特殊客房种类

（1）商务房：布局、家具等考虑商务客人的需要。
（2）残疾人房（爱心房）：通道宽敞，地面无障碍，墙上有扶手，不用旋转开关。
（3）公寓房：为长住客人设计，布局功能家庭化，有厨房、餐室和较大的储存间。
（4）自用房：酒店员工因工作原因入住酒店的客房。

任务 2-1-3-2 预订部业务知识——预订渠道与方式

❖课程模块

部门基础知识

❖学习目标

通过本课程的学习，了解酒店客房不同的预订方式。

❖学习任务导图

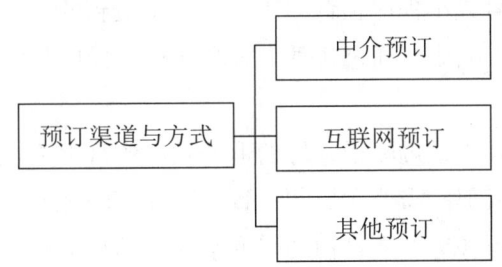

1.中介预订

（1）订房代理中心预订

酒店借助专业订房系统，利用其广泛的网络、专业特长及营销规模等优势，来帮助酒店推销产品及其服务，扩大客源。

（2）海内外旅行社预订

旅行社一般与酒店签有订房合同或协议，批量提供客人。酒店视旅行社提供的客源量和客人在店消费额，给予其一定百分比的优惠折扣。旅行社订房可以保障酒店一定数量的稳定客源，所以很多酒店都与固定的旅行社维持着比较稳定的订房业务联系。

（3）合同预订

许多商社、公司与酒店签订合同，为业务到访的客人或本公司员工出差预订客房。公司职员及商务客人的订房，不仅能为酒店提供稳定的客源，而且还能带动酒店内餐饮、娱乐、购物等其他营业收入的增加。

2. 互联网预订

通过互联网进行预订，是目前国际上较为通行的订房方式。随着移动互联网和智能手机的普及，越来越多的散客开始采用这种方便、快捷的方式进行预订。

（1）酒店官网预订

客人登录酒店的门户网站，在了解酒店地理位置、交通状况、设备设施、客房餐饮介绍及价格、优惠政策等情况后，直接进行在线预订。

（2）OTA预订

在线旅游（OTA，英文全称为Online Travel Agency），是旅游电子商务行业的专业词语，指"旅游消费者通过网络向旅游服务提供商预订旅游产品或服务，并通过网上支付或者线下付费，即各旅游主体可以通过网络进行产品营销或产品销售"。因此，宾客可通过OTA平台了解酒店信息，并进行预订操作。

（3）微信预订

通过酒店微信公众号或小程序预订酒店客房，是最新的一种订房方式。对于常客而言，微信预订十分方便。酒店可通过各种方式和途径，推广其微信二维码。

（4）电子邮件预订

电子邮件预订，指客人通过电子邮件的形式发出预订申请。许多客人，特别是会议和典礼活动的策划者抑或那些需要大量"一致性"预订的客人，更喜欢以电子邮件的方式提出有关房价或订房服务等方面最初的咨询事项。预订员应最大限度地提高回复效率并严格遵照商务信函的标准。

3. 其他预订

（1）口头预订

口头预订即客人或其代理人直接来到酒店，当面预订客房。它能使酒店有机会更详尽地了解客人的需求，并当面回答客人提出的任何问题。

（2）电话预订

电话预订的特点是速度快、方便，而且便于客人与酒店之间的沟通，以便客人能够根据酒店客房的实际情况，及时调整其预订要求，订到满意的客房。

（3）传真预订

传真预订的特点是准确、规范，它可以将客人的预订资料原封不动地保存下来，不容易出现订房纠纷。

项目 2-2 预订服务

任务 2-2-1 一般服务流程

❖ 课程模块

典型工作任务

❖ 学习目标

通过本课程的学习,了解并掌握散客预订的一般服务流程。

❖ 学习任务导图

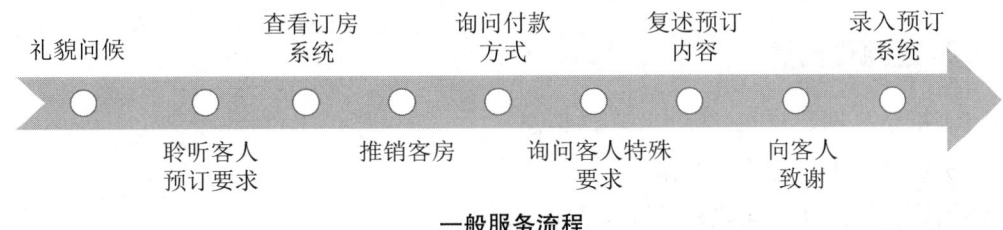

一般服务流程

1. 礼貌问候

(1)问候客人:"早上 / 下午 / 晚上好";
(2)报部门:××酒店预订部。

2. 聆听客人预订要求

询问客人姓氏、抵离日期、预订数量、房间类型。

3. 查看订房系统

(1)查看电脑预订系统,了解客房状况;
(2)如有满足条件客房,则按照客人要求接受预订;

（3）如遇客满，向客人表示歉意，婉拒客人预订，推荐附近的同档次酒店，同时将客人列入等待名单并承诺会预先安排住房。

4. 推销客房

（1）介绍房间种类和价格；
（2）询问客人全名和公司名称；
（3）如对方是常客或合同单位，则要查阅客史资料。

一般服务流程
案例分析

5. 询问付款方式

（1）询问客人付款方式，在预订单上注明并及时录入预订系统；
（2）公司、旅行社、订房中介承担费用者，要求在客人抵达前传真书面信函，付款担保。

6. 询问客人特殊要求

（1）询问客人特殊要求，如接机服务、房间布置、加床、无烟楼层等；
（2）如客人需接机，说明收费标准并详细了解具体情况；
（3）对客人的特殊要求，应详细记录并复述。

7. 复述预订内容

（1）抵达日期、时间、航班/车次信息；
（2）房间种类、房价、数量；
（3）客人姓名（公司名称、联系方式）；
（4）付款方式及特殊要求。

8. 向客人致谢

（1）告知预订确认号；
（2）等客人先挂电话后方可挂电话。

9. 录入预订系统

（1）填写预订单并录入系统；
（2）按日期存放订房单；
（3）如客人要求出具订房确认书，须在接受预订 24 小时内发出。

任务 2-2-2　不同预订渠道服务中的注意事项

❖ 课程模块

典型工作任务

❖ 学习目标

通过本课程的学习,了解并掌握受理不同预订渠道宾客的注意事项。

1. 中介预订

(1) 旅行社和订房代理中心

①房费/所有费用由旅行社或订房代理中心承担的,须要求对方在客人抵达前传真书面信函;

②预订部收到传真,确认信息准确后回传旅行社或订房代理中心。

(2) 合同公司预订

①需让预订人提供公司协议号码,方可享受协议价格(若是固定订房人,则不需要提供协议号码);

②客人费用现付类,可以先为客人预留预订,到店支付押金;

③客人费用挂账类,需订房有效签单人以书面形式注明×××客人所有费用可签单挂账××公司,并传真至预订部(仅房费挂账,到店收取杂费押金)。

2. 互联网预订

预订员每天按时接收各互联网预订渠道的订房信息,并完成相应的订房工作:

(1) 在网上收取订房信息,将对方的流水号登记在表格上;

(2) 打印订房信息;

(3) 将打印出来的订房资料按内容分类;

(4) 将所有资料输入电脑,记录电脑预订编号。

3. 其他预订

（1）VIP 预订

①需根据 VIP 等级派送花果；

②通知相关部门提前做好准备工作。

（2）口头预订

对于客人的口头预订，预订员应注意客人姓名拼写，必要时可请客人自己拼写。另外，旺季时，对于不能确定抵达时间的客人，可以明确告诉客人，预订保留到 18：00。

（3）电话预订

电话预订的过程中由于语言障碍、电话清晰度等因素的影响，容易出错，预订员必须将客人的要求认真记录，并在记录完毕之后，向对方复述一遍，等待客人确认。

（4）传真预订

处理传真预订时，需按对方订房资料回复确认函。回复的形式一般与客人订房的方式一致，特殊情况除外，如客人在订房时指定另外回复方式。

任务 2-2-3　团队预订

❖ 课程模块

典型工作任务

❖ 学习目标

通过本课程的学习，了解并掌握团队预订的一般服务流程和注意事项。

❖ 学习任务导图

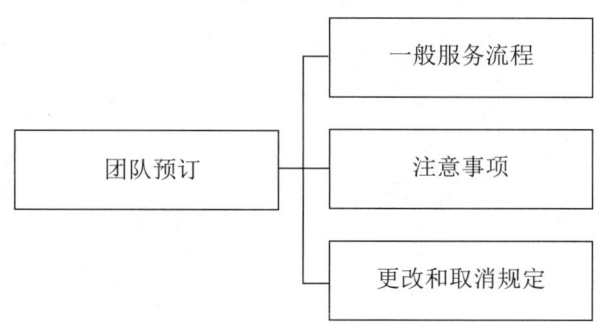

1. 一般服务流程

团队预订一般服务流程同一般预订服务流程相同，同学们可以从一般服务流程活页抽取步骤，拼接成完整的团队预订活页。

2. 注意事项

（1）预订名称

①个人预订需留全名+"一行"，例如×××一行；

②公司预订需留公司名称，例如，××××有限公司。

（2）司陪情况

①免费赠送标准：一般每团满8间付费房送一张床位，每团最多送6张床位（无司陪人员，则不赠送也不免房费）；

②购买收费标准：有赠送的情况，在同一间房内，则按房费的一半购买；不在同一

间房内,则按此团队房价购买;

③餐饮赠送标准:有订餐的情况下,满16人送一位司陪餐(一般情况可赠送自助餐);不够人数的情况则按正价购买,无特殊优惠。

3. 更改和取消规定

(1)团队到达当天房间不可减少或取消客房预订,否则酒店将收取一定比例费用作为违约金;

(2)如于平日/周末减少房间,则自汇款落实之日起至团队到达日期的前一天,房间数只可作一次性10%的调减;

(3)如遇重大节假日,则自汇款落实之日起至团队到达日期的前五天,房间数只可作10%的调减;

(4)平日、周末取消,自书面确认之日起至团队到达日期的前三天,团队不可取消或延期入住。

团队预订案例分析

任务 2-2-4　预订控制

❖ 课程模块

典型工作任务

❖ 学习目标

通过本课程的学习，了解并掌握变更预订、取消预订、预订未到等常见情况的处理流程和方法。

❖ 学习任务导图

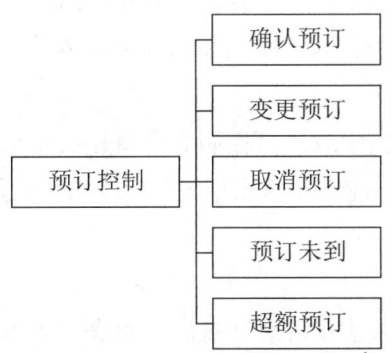

由于预订工作随时可能受到宾客的取消、更改、提前、延迟、增减人数等的变化影响，酒店预订部一般会通过确认预订、变更预订、取消预订、超额预订等途径保证客房预订工作的有效性，通常称为预订控制。

1. 确认预订

（1）重申客人的订房要求；
（2）双方就房价及付款方式达成一致；
（3）声明酒店有关取消预订的规定；
（4）对客人选择本店表示感谢；
（5）预订员或主管签名确认。

2. 变更预订

（1）接到预订变更的要求，询问要求变更预订的客人姓名及预订号，在电脑中查找；

（2）准确记录要求变更的内容；

（3）立即查找电脑预订情况，确认是否可受理该客人的预订变更要求；

（4）如果可以接受客人的变更要求，应及时予以确认，填写预订变更单并修改电脑系统中相关信息和有关预订控制记录，并和客人再次确认预订的信息；

（5）如果客房已订满，无法满足客人变更要求，则需耐心解释，并将客人的预订暂时列在等候名单上。

变更预订服务视频

3. 取消预订

（1）接到取消预订的要求，问清客人姓名及预订号；

（2）在电脑中查询预订记录，并立即将原始订单从档案中取出；

（3）将该预订取消，记录通知人的姓名及联系方式，在订单上加盖"取消"章，注明取消日期、取消原因和取消申请人等，并签上预订员姓名，切不可在原始的预订单上涂改；

（4）资料存档，并在电脑中或预订控制表上将相关记录取消；

（5）若为当天客人预订，应立即通知相关部门取消已准备好的登记单及房间摆设等。

取消预订服务视频

4. 预订未到

（1）查看NO-SHOW（未按预订时间抵店）报表，了解客人的全部信息；

（2）查询电脑系统及入住登记表，确认客人是否已入住；

（3）查找订房人的联系方式，立即与其联系，询问客人未能抵达的原因并记录在报表上；

（4）确认是否收取房费：

①担保订单（首晚/订单房费）：在NO-SHOW报表上注明扣"一晚"房费，复印一份交予接待处；

②已汇款/挂账：

● 住一晚的情况：

在NO-SHOW报表上注明扣"全额"房费，并在旅行社订单上备注"客人当天未入住，须扣取全额房费作NO-SHOW费用"，发送给旅行社并致电落实是否收到传真。

● 住两晚以上：

汇款情况：在NO-SHOW报表上注明扣"一晚"房费，并在旅行社订单上备注"客人当天未入住，须扣取一晚房费作 NO-SHOW 费用"，发送给旅行社并致电落实是否收到传真；系统另新建一个当天预订，退房日期"按订单日期"，如客人依旧没入住，按以上程序执行。

● 挂账情况：

在 NO-SHOW 报表上注明扣"一晚"房费，并在旅行社订单上备注"客人当天未入住，须扣取一晚房费作 NO-SHOW 费用，如需再保留预订，请重发新预订单"，发送给旅行社并致电落实是否收到传真；若旅行社未答复就不需新建预订。

5. 超额预订

超额预订是指酒店在一定时期内，有意识地使其所接受的客房预订数超过其客房接待能力的一种预订现象。其目的是充分利用酒店客房，提高开房率。由于种种原因，客人可能会临时取消预订，或出现"NO-SHOW"现象，或提前离店，或临时变更预订要求等，从而造成酒店部分客房闲置。酒店进行超额预订可以减少损失。

但要注意的是，超额预订应该有个"度"的限制，以免出现因"过度超额"而不能使客人入住，或"超额不足"而使部分客房闲置。通常酒店能接受超额预订的比例应控制在 10%~20%，具体而言，各酒店应根据各自的实际情况，合理掌握超额预订的"度"。

超额预订具体操作方案如下。

（1）落实预订/预期退房客人是否如期到/离店

①设法联系预计当天抵达的客人，确认对方是否抵达；

②联系所有预期退房的客人，确认是否如期退房或续住。

（2）提前做好超额预订应对的准备工作

①密切与客房部核对房态，及时掌握准确的房态，避免房态差异而导致损失；

②如有需要，联系附近同等级酒店。

（3）启动安抚、补救措施

①诚恳地向客人道歉，请求客人谅解；

②如该客人预订的客房类型已满，可考虑为客人做客房升级；

③立即与另一家相同等级的酒店联系，请求援助；同时，派车将客人免费送到该酒店；如果找不到相同等级的酒店，可安排客人住在另一家级别稍高的酒店，高出房费由酒店支付；

④如属连住，则店内一有空房，在客人愿意的情况下再把客人接回来，并对其表示欢迎（可由大堂副理出面迎接，或在客房内摆放花果等）。

（4）后续跟进工作

①详尽做好客史档案记录，避免日后再有类似事情发生在同一客人身上；

②对提供了援助的酒店表示感谢。

后置活页

★ 思政要点 ★
诚实守信 　　中华文化强调"言必信，行必果""人而无信，不知其可也"。像这样的思想和理念，无论是过去还是现在，都有其鲜明的民族特色，都有其永不褪色的时代价值。社会主义市场经济是信用经济、法治经济，而法治意识、契约精神、守约观念是现代经济活动的重要意识规范，也是信用经济、法治经济的重要要求。酒店作为社会分工中的一个领域，酒店员工严格遵守"诚实守信"的道德规范对酒店发展起着至关重要的作用。

课程模块小结		
课后习题	案例分析	拓展知识

课后实操考核要点	
1. 散客预订服务考核	2. 团队预订服务考核

学习心得

模块三 接待处

前置活页

适用职位	接待员
内容属性	通用性知识与技能、个性化知识与技能
适用层次	中职学生、高职学生、本科学生
学习方式	课堂教学、校内实训、岗位实践
学习目标	1. 了解接待处业务知识、工作职责与标准； 2. 掌握接待处相关服务的一般流程。
评价方式	理论考核、实训考核
课程引入	
案例导入	

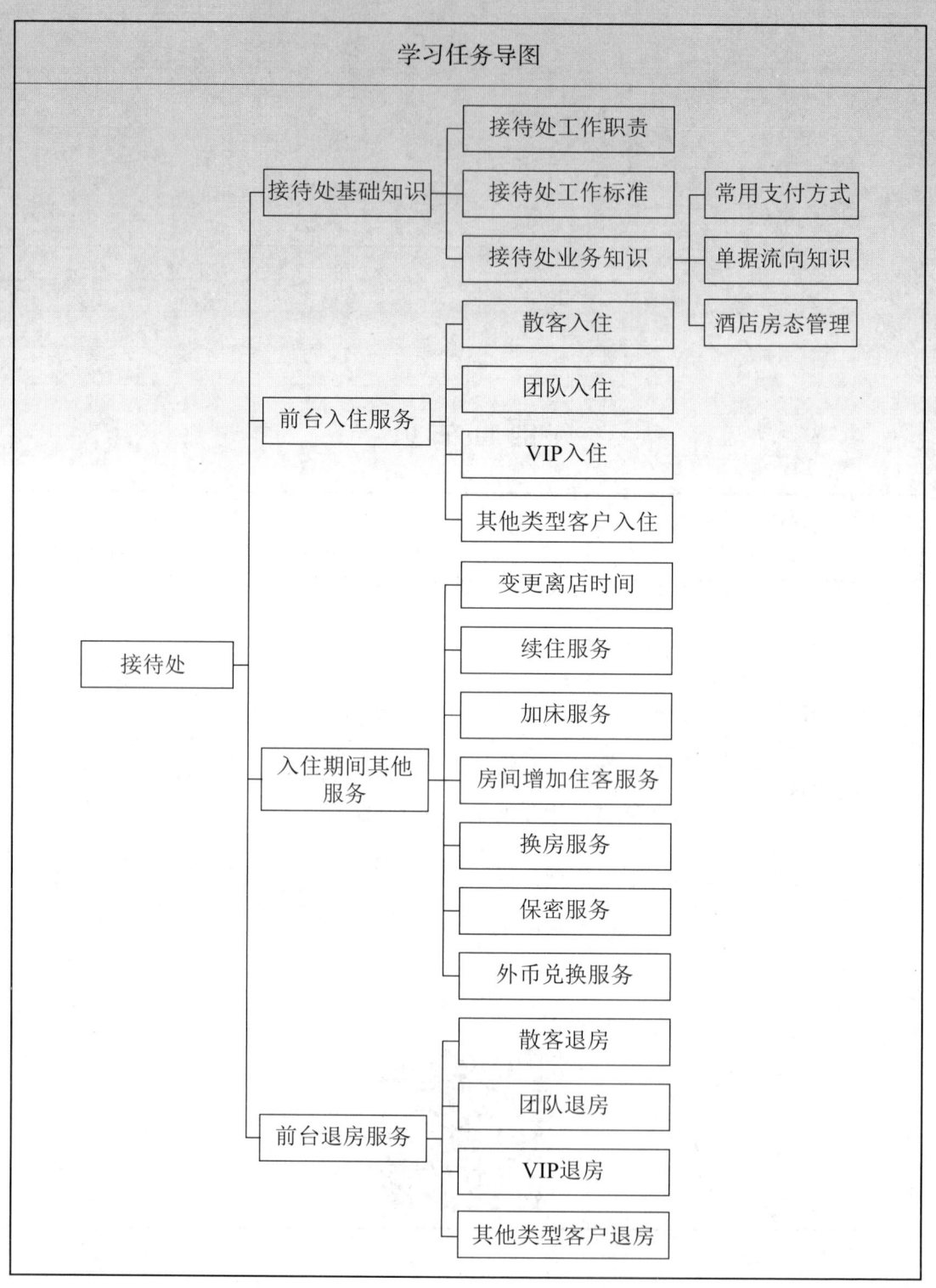

使用简单而真诚的词汇，将助力你的一生。

——温斯顿·丘吉尔

项目 3-1　接待处基础知识

任务 3-1-1　接待处工作职责

❖ 课程模块

部门基础知识

❖ 学习目标

通过本课程的学习，了解接待处的部门职能、接待员的岗位职责和各班次的工作流程。

❖ 学习任务导图

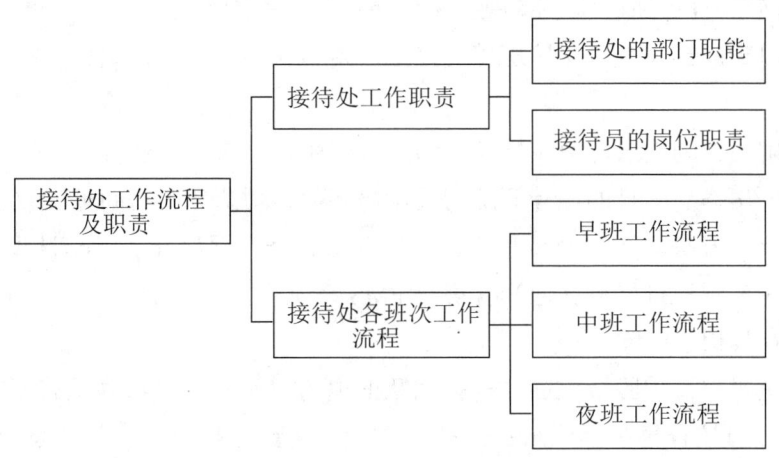

1. 接待处的部门职能

接待处是前厅服务与管理的中枢神经，是所有需要入住的客人在进入酒店后首先接触的服务部门。它所涉及的服务主要是为散客和团体入住办理登记手续和退房手续，为客人安排分配房间，向有关部门提供接待信息或下达接待指令，并为客人在店期间提供外币兑换、保险箱存放贵重物品等服务。

2. 接待员的岗位职责

（1）熟悉掌握前厅接待的工作程序。

（2）负责为宾客办理入住登记手续，耐心回答宾客的询问。

（3）掌握当天及未来一段时期内的酒店房间供应情况，主动为宾客提供服务，用微笑接待宾客。

（4）了解当天在酒店举办的各项重要团队活动、VIP接待、会议和宴会，以便做好针对性服务等。

（5）制作前厅有关统计报表，及时与有关部门沟通情况。

（6）管理酒店客用房间钥匙，做好各班次及和收银的交接记录工作。

（7）保持工作区域的清洁卫生，保持各种工作用表及文件夹摆放整齐，井然有序。

（8）积极宣传和销售客房及其他酒店服务项目。

（9）处理宾客入住期间及离店后的投诉，并做好记录与反馈。

（10）在交班本上清楚规范地记录当日所发生的重要事情、宾客信息及宾客意见。

（11）完成上级分配的其他任务。

3. 早班工作流程

（1）提前10分钟到达前厅部办公室签到，检查仪容仪表。

（2）准时到前台与夜班交接班（交接工作内容、备用金、发票、收据），核对无误后签名。

（3）了解当天的预抵房数、预订类型（旅行团、会议团、散客）、今日可卖房型和房数及昨日开房率、明日的预计开房情况（房间数、团队数、房间可卖数），且在交班本上早班记录的开头写明：今日总值、昨日开房、今日预计开房、昨日收入、月收入、今日参观房（参观房排好后，通知客房在PMS系统作Hold（锁定）房，并准备好参观房的钥匙，存放相应位置）。

（4）跟进退房：①团队方面：根据团队的退房时间先后，认真核查所有团队账目，根据接待通知单核查每一笔账目；②散客方面：认真了解散客类型，是否有特殊的客人，提前做好预算以及准备工作。

（5）跟进预抵团队或散客，认真核对是否已经准备妥当，及时发现问题，及时反映，及时进行调整。若有熟客，则可将入住登记单预先打印；当日预抵VIP客人，交当值大堂副理查房。VIP抵店由大堂副理带客上房并把入住登记单交给客人签名；如有需确认的信息通知大堂副理，由大堂副理与客人交涉。

（6）非节假日接收银行传真的当日汇率表并输入电脑，由当班主管负责查看当天是否有外兑报销并填写报销单。

（7）核对各营业点交来的手工单据是否已入账。如未入账，则立即输入系统；所有入完的单据必须在单据上做相应标记，表示此单已入账，同时签上自己的工号（已入+工号）。

（8）中午核查应退未退的客人，没有延迟退房备注的房间，需要立即打电话至房间，联系客人是否办理续住或延迟退房。若房间无人，应通知客房查房，房间无行李或少行李的，立即通知大堂副理；房间多行李的，等待两小时后仍未来前台退房的，则通知大堂副理并派送催离单进房间。

（9）需派送花果的房间填写"贵宾馈赠单"，通知礼宾部派送至相应部门。

（10）所有房间退完后，打印"客人在住报表"在旅馆业治安管理信息系统上将已退房的房间做退房。

（11）当班主管按照"卫生周期计划表"适当地安排人员做好卫生清洁工作。

（12）检查当天需取消的预授权直接在POS机上取消。

（13）打印POS机流水单，核对无误后则对当班的POS机进行结算。

（14）下班前与中班员工交接；与中班交接完毕后，早班的员工做账。

（15）签退下班。

4. 中班工作流程

（1）提前10分钟到达前厅部办公室签到，检查仪容仪表。

（2）班前，早班当班主管与中班进行交接班（交接工作内容、备用金、发票、收据），核对无误后签名；当班主管根据交接内容及当日入住情况分配工作。

（3）了解今日抵店和明日抵店客人的情况（团队类型、数量、抵店时间等）。

（4）早班期间入住需派送花果的房间，填写"贵宾馈赠单"，通知礼宾部派送至相应部门。

（5）与未抵店的团队负责人联系，确认预计抵店的时间。

（6）跟进应退未退客人的情况，与大堂副理及时进行沟通。

（7）为客人办理入住手续时，所有升级的房间需要请相应的批准人在入住登记单或订单上签批。

（8）与预订部员工签收次日抵店订单（团队和散客分开签收）。

（9）根据抵店时间先后和类型给次日预抵团队安排符合要求的房间，遵循排房原则，制作团队接待单，准备团队餐券。

（10）打印余额报表，核查所有在住房的账目（押金是否足够）。

（11）与电脑系统核对当日所有入住的团队（名字输入、房价等）和散客入住登记单内容，无误后在散客当班入住的报表上签名。

（12）打印POS机流水单，核对无误后则对当班的POS机进行结算。

（13）当班主管准备好所有需要交班的内容，并在交班本上做好记录；与夜班交接完毕后，中班员工做账。

（14）签退下班。

5. 夜班工作流程

（1）提前 10 分钟到达前厅部办公室签到，检查仪容仪表。

（2）班前，中班主管与夜班交接班（交接工作内容、备用金、发票、收据），核对无误后签名。

（3）将当日所有入住的团队（名字输入、房价等）和散客入住登记单内容与系统进行核对后交夜审核查。

（4）夜审核查完当日入住的登记单后，放入相应的账袋内。

（5）将今日入住的所有客人的资料输入公安系统。

（6）送餐的单据送至前台的，都在夜审后入账。

（7）夜审前打印好报表，所有报表接待处存档一份外，分送至各相关部门。

（8）夜审前仍未到的散客预订（不需要给予 NO-SHOW 费用的预订）做取消处理，并在订单上注明"客人未到做取消"。

（9）每日凌晨夜审，夜审期间暂停 PMS 系统操作，待夜审结束后方可使用。

（10）做好次日抵店的 VIP、团队、有特殊要求的房间钥匙。

（11）核对已经排好的团队的房间钥匙及早餐券，核查所有次日预离和在住的团队账目。

（12）夜班需要在夜审前做"营业日报表"关账；夜审后在下班前也要做"营业日报表"关账。

（13）准备好交班内容，并在交班本上做好记录；与早班交接完毕后做账。

（14）签退下班。

任务 3-1-2　接待处工作标准

❖ 课程模块

部门基础知识

❖ 学习目标

通过本课程的学习,了解接待处的工作标准。

1. 接待处效率标准

入住 5 分钟 / 人,结账 3 分钟 / 人,散客查房 3 分钟 / 次,团队查房 10 分钟 / 次。

2. 单据存放标准

每间房一个文件袋,按房号顺序依次排列好。客人在住期间的所有单据都存放在对应的文件袋里面。

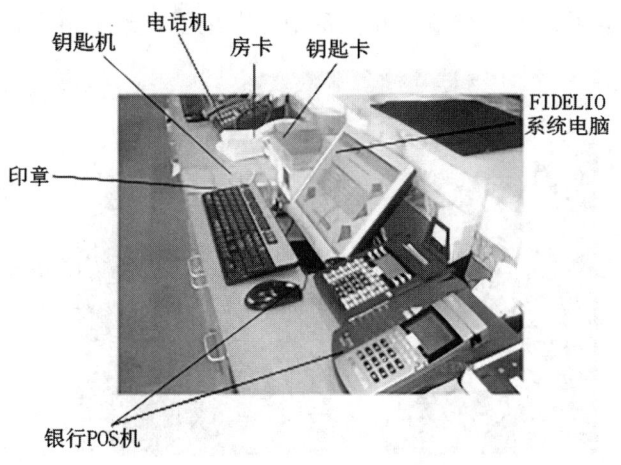

3. 接待柜台面物品摆放标准

台面物品主要有电脑类、POS 机、钥匙类、读卡器、电话、"接待处"牌、写字垫、

LOGO 笔、台灯、花。

以电脑为中心，左边为电话机、钥匙袋、钥匙卡、钥匙机，右边为读卡器、POS 机。"接待处"牌摆在写字垫的中间位置，写字垫正对着电脑。LOGO 笔则放在写字垫的隔一个手指的位置，LOGO 笔的顶端横对着写字垫的右上角的三角形的右下角。台灯和花则对称地放在接待台的左右两角的中心位置。

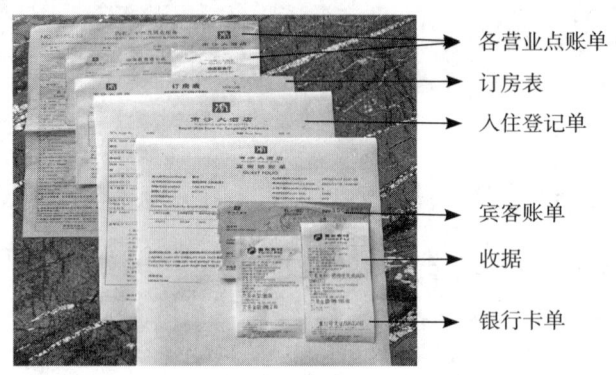

4. 接待处物品的存放标准

文具类：存放第三柜台及办公室。

钥匙类：所有钥匙统一放于备用金抽屉的钥匙盒内。

单据类：发票、扣减凭证、收据、外币兑换水单统一放于办公室财务单据柜内，钥匙由接待主管、接待经理管理。

备用金：按币面金额大小分类整齐放在备用金专柜里，收银员离开柜台时要上锁。

5. 当日活动表的使用及制作标准

（1）境外客人要填写客人的姓名、国籍、性别、出生年月、住址、证件种类及号码、签发机关与有效日期等,国内客人要填写客人的姓名、性别、年龄、工作单位、住址、身份证或护照号码等。

(2)填写清楚后,请客人在入住登记表及欢迎卡上签名,将房间钥匙和欢迎卡交给客人,询问客人在酒店入住期间或离店时是否需要代办订车、订票等工作。

(3)礼貌地和客人交换名片,预祝客人在店期间开心愉快。

(4)将填写好的入住登记表交前台接待处主管,将所有收到的客人名片保留存档,以建立客人的入住历史资料。

6. 房间免费升级的标准、权限及处理流程

(1)房间升级一般只适合个别散客,不适合提前预订的整个旅行团或会议团,但前厅部经理、公关销售部经理有权根据情况批准部分团房由普通房升级至同级套房,其他特殊情况由相关部门报总办审批。

(2)当值大堂副理、接待处主管有权根据当日房态将房间升级。

(3)前厅部经理、公关销售部经理有权批豪华房升级至商务房。

(4)升级至行政楼层或以上房型需总监级以上审批。

7. 旅馆业治安管理信息系统输入流程及特殊情况处理

(1)流程。

①登录"旅馆业治安管理信息系统":双击"旅馆业治安管理信息系统"图标,输入用户名及密码,如用户名"×××"、密码"×××××××"。

②点击"新增旅客",二代身份证选择"读卡登记",其余证件选择"扫描登记",填写入住房号,点击"上报"即可。

(2)典型情况的处理。

①扫描的内容为空白,不小心进行了保存:在相应资料处点击鼠标右键→删除。

②电脑出现"运行时错误53":检查电源是否接好或使用时间过长。做法:让扫描仪稍作休息,等待一段时间后再重新启动电脑和扫描仪。

③Modem 故障:检测通信口;若提示失败,重启 Modem 的电源开关。

④拨号失败:Modem 成功而拨号失败时,检查电话线路;若电话没有问题,报 IT部抢修或打电话咨询提供该系统的公司。

8. 查账做账投款

(1)流程。

打印两份报表(Only payment/By dep.cod-today),与报表核对,查看是否每笔账目都有,每份账单的付款方式是否正确,收现金/刷卡金额是否正确(打印 POS 机/PGS

核对，结算），小单是否齐全等；两份报表签名；By dep.cod-today（当日费用操作记录）报表与账单用橡皮筋卷起来一起投，Only payment（费用支付方式）报表与人民币现金、支票、消费券一起投入保险箱内。

（2）投款的内容。

人民币现金、支票、消费券和报表。

（3）投款的规定。

投款员投款时，需要在投款报表上签名，并要求有见证人签名；缴款袋报表需要认真地填写。

注：若有涂改，需要在旁边签上自己的名字。

任务 3-1-3-1 接待处业务知识——常用支付方式

❖ 课程模块

部门基础知识

❖ 学习目标

通过本课程的学习,了解酒店可受理的支付方式。

❖ 学习任务导图

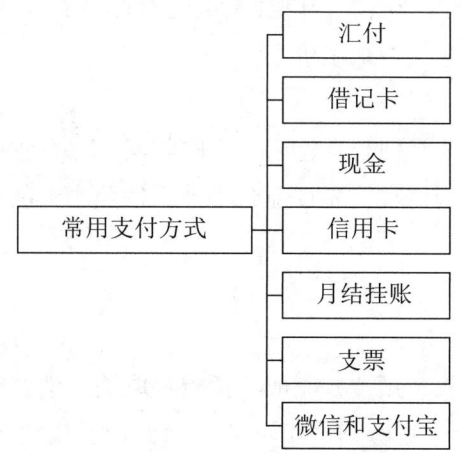

前台可受理的支付方式有信用卡、借记卡、现金、支票、挂账、汇款、微信和支付宝等。

1. 汇款

银行汇款必须要求汇款方提供银行进账单给酒店接洽部门,由该部门将银行进账单传真件及该款项的汇款方名称、用途、使用时间报给财务出纳复核存档,以使出纳及时了解汇款的到账情况,并将到账款项情况以"汇款到账确认表"的形式反馈给相关部门(预订、前厅收银、餐厅收银、销售、宴会各部)。收款员对客人的消费结算依据是"汇款到账确认表"。收款员直接在收费系统中将汇款金额(消费金额小于汇款金额时挂实际消费金额)以挂账的方式结付,余款另收或退即可。

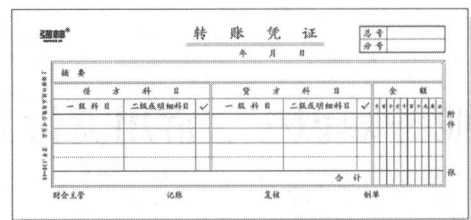

2. 借记卡

借记卡只可以用作消费，所有消费一律需在 POS 机上操作，如需手工输入卡号取得消费的，必须通过大堂副理或主管同意后方可操作，并且要批准人签字证明。

3. 现金

（1）人民币
①认真检验其真伪。
②在系统中记录人民币金额。若以押金或定金的方式交纳，则需要开取收据给客人；若为结账，则直接请客人在结账单上签名。
（2）外币
①使用外币做押金时，辨别其真伪后，开取收据，并在收据上注明外币的号码；
②若使用外币结账，则请客人先在前台将外币按照当天的兑换率兑换后再结，且以人民币找零。

4. 信用卡

信用卡可用来做预授权、预授权完成、预授权取消、消费等。

收款员收到信用卡后，先检查信用卡的正面标记、反面磁带及客人签名，鉴别真伪；后查看有效日期。信用卡可用至到期月份的最后一天，双重日期的卡要到显示的第一天才能使用，不能接受过期卡或未到期限使用的信用卡。

5. 月结挂账

客人挂账时，应认真核查单据是否手续齐备，有无漏单，所签认单据是否为该客人消费总额单据。如果未能按本规定操作，各服务部门应主动协助财务部补齐手续，且由于未按本规定办理而造成的款项损失应由责任人赔付。

客人消费结账时，请务必让客人签名，并注明支付单位。若出现特殊情况，致使客人未能及时签单确认，须由各部门当值负责人签名（餐厅经理、大堂副理、健康中心、汽车部、洗涤部主管级以上管理人员），并记下当日活动内容，如消费者姓名、人数、活动名义等。同时请密切留意有无补签确认的可能；当天内如不能补签，则交由财务部门转交进行补签确认。

6. 支票

（1）支票票面应有两个或两个以上的印章（单位财务专用章和法人印章），印章清晰、无涂改、无重印。

（2）支票应附有开户银行的名称、签发单位账号、磁码；不得有折痕，无破损，支票沿虚线边撕下。

（3）支票背面要写持票人的姓名、单位地址、电话号码，并抄下客人的身份证（或工作证）号码（工作证和支票单位印鉴要相符）。注意，上述内容不能填写在背面的方框范围内，而应填写在方框外或另纸书写。

（4）支票最低起点为壹佰元，有效期为拾天（由签发之日开始计算），最后一天是假期可顺延。各收银点在收到支票时，应认真查看签发日期，如客人结算日恰好是到期日，应即时通知出纳，规定在客人结算日 15：00 前将支票直接送交出纳签收送银行，不能投入保险箱（该种情况前台应提前与客人协调，要求客人务必于结算日指定时间前配合酒店完成结算工作，否则不予受理）。

（5）支票填写时必须用黑色签字笔或黑水笔，大小写金额要相符，大写后面要加"整"（分位后面不能加），小写前面要加"￥"。

（6）签发支票的日期必须使用中文大写字。在填写月份时，"1~10"月应在前面加"零"，例如：1月应写成"零壹"，10月应写成"零壹拾"。在填写日期时，"1~10、20、30"号应在前面加"零"，例如：1号应写成"零壹"；"11~19"号应在前面加"壹"，例如：11号应写成"壹拾壹"。

（7）限额支票的填票金额应掌握在该限额的110%以内，如限额5000元，开票不超过5500元，不得提前或过期使用。

7. 微信和支付宝

以富友 POS 收银系统为例：

（1）消费　打开系统→输入交易金额→点击"扫一扫"→宾客出示付款码→交易成功并打印交易单。

（2）消费撤销　打开系统→点击菜单"收款明细查询"→找到相对应交易→点击"订单退款"→输入主管密码→输入退款金额→点击"确定"→交易成功并打印交易单。

（3）预授权　打开系统→输入交易金额→点击"预授权"→扫码→宾客出示付款码→交易成功并打印交易单。

（4）预授权撤销　打开系统→输入退款金额→点击右上角图标→点击"扫码"→输入主管密码→扫描二维码→交易成功并打印交易单。

（5）预授权完成　打开系统→输入交易金额→点击"预授权完成"→扫描预授权二维码→交易成功并打印交易单。

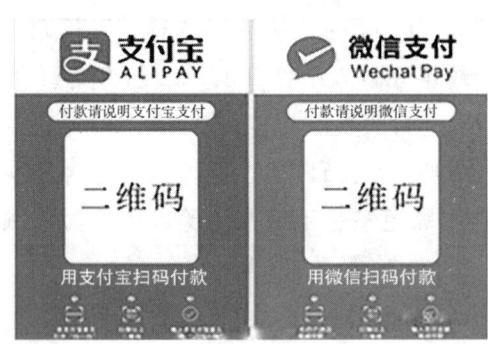

任务 3-1-3-2 接待处业务知识——单据流向知识

❖ 课程模块

部门基础知识

❖ 学习目标

通过本课程的学习，了解接待处日常单据流向。

❖ 学习任务导图

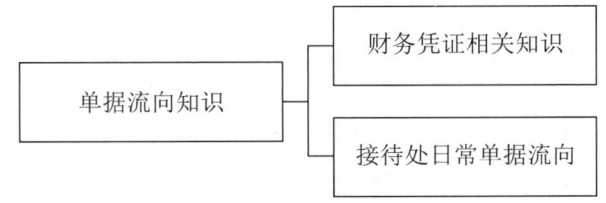

1. 财务凭证相关知识

散客入住或会议交纳现金、外币、支票、消费券，作为押金时开具收据。一式三联，白联留底，红联交客人，蓝联附账单交财务。

填写时需注明清楚日期、客人姓名、房间号码、大写金额、小写金额、支付内容、收银员本人签名。收据一定要请客人签名；若交款人为外国人，收据必须要以英文形式开取。

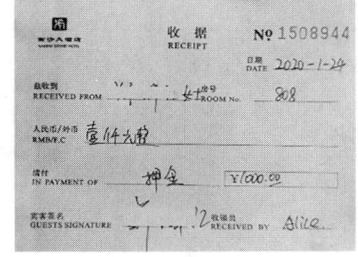 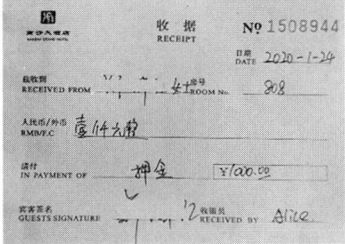 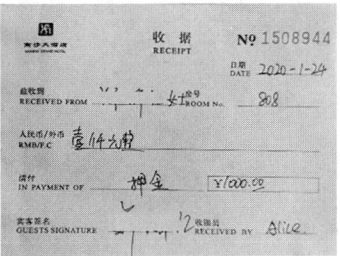

| 白联 | 红联 | 蓝联 |

2. 接待处日常单据流向

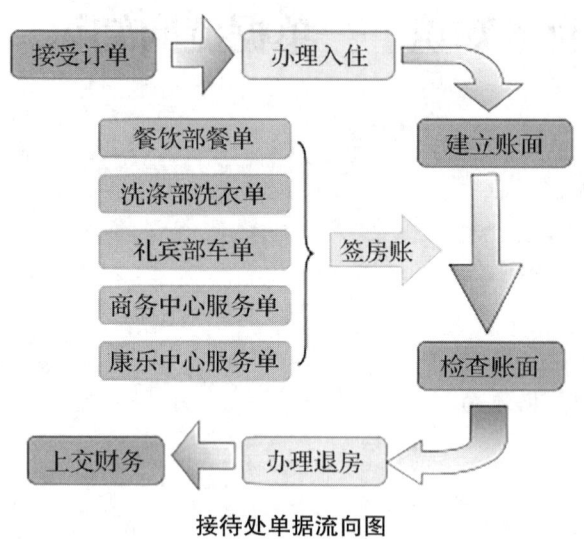

接待处单据流向图

此工作流程图，主要以接待处的单据的走向为主体。预订员在客人抵店前一天送出预订单给接待处；客人入住时，接待处为客人办理入住手续；客人入住后，在电脑上自动建立独立的账面；在客人住店期间，各营业点的消费输入进账面，接待处负责每日对客人账面进行检查；待客人离店时，将账面的账目结清退房。所有的关于客人入住的登记卡（Registration Card）和所有账目的单据上交财务。

任务 3-1-3-3 接待处业务知识——酒店房态管理

❖ 课程模块

部门基础知识

❖ 学习目标

通过本课程的学习，了解酒店房态的含义，掌握酒店房态流向。

❖ 学习任务导图

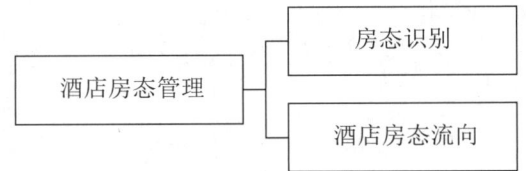

1. 房态识别

Occupied（OCC）	住客房（客人正在使用）	Vacant（VC）	已清空房（已完成卫生清扫工作，等待出租）
Check out（CO）	走客房（客人结账，但房间还没清扫完毕）	Occupied Clean（OC）	已清洁住客房
Expected Departure（ED）	客人预退	Expected Arrival（EA）	客人预到
Occupied Dirty（OD）	清洁住客房	Vacant Clean（VC）	已清空房（已清未检查）
Vacant Dirty（VD）	未清洁空房	Vacant Inspected（VI）	已检空房
Blocked Room（BL）	保留房	Out of Order（OOO）	待修房
Out of Service（OOS）	停用房	Sleep out（S/O）	外宿房（在外留宿，不回酒店睡觉）
Do Not Disturb（DND）	请勿打扰房	Standard Room（SR）	标准客房
Business Room（BR）	商务客房	Deluxe Room（DR）	豪华客房
Business Suite（BS）	商务套房	Executive Room（ES）	行政套房
Presidential Suite（PS）	总统套房		

2. 酒店房态流向

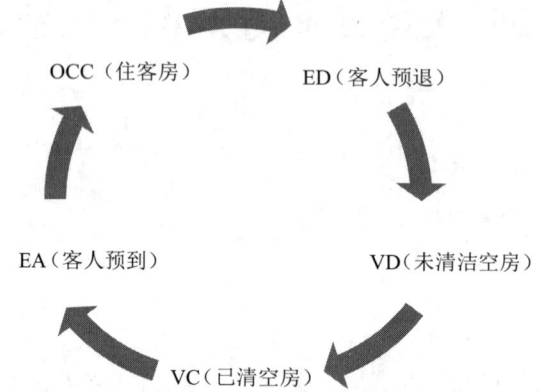

项目 3-2　前台入住服务

任务 3-2-1　散客入住

❖ 课程模块

典型工作任务

❖ 学习目标

通过本课程的学习，掌握为散客办理入住的一般流程。

❖ 学习任务导图

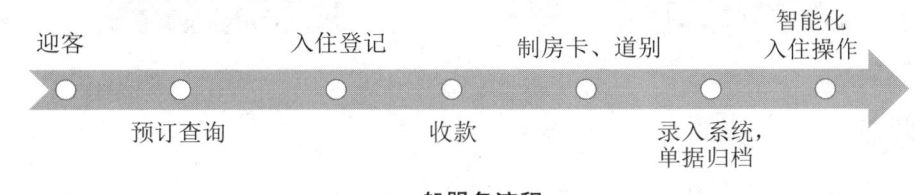

一般服务流程

1. 迎客

（1）当客人向前台走来时，接待员应面带微笑，礼貌问候；

（2）当接待员正忙时，客人向前台走来，应主动给客人道歉，并尽快结束手头工作；

（3）在客人至前台 3 米处，应微笑并上前一步表示对客人的关注；1 米处上身前倾，主动向客人问好。

散客入住服务视频（1）

2. 预订查询

（1）客人如有预订：马上在电脑内进行查询，与客人核实姓名、房间类型、数量、离店时间等预订情况，询问有无变更；

（2）若客人无预订：在确定酒店有空房可出租时，接待员

散客入住服务视频（2）

应积极向客人介绍此时可供出租的房间类型,从高到低多报几种房价,并针对客人心理介绍几种客房特点,便于客人挑选;客人第一次下榻,应主动向客人介绍房间类型、位置、特色及客人入住期间所享受的酒店优惠与服务。

3. 入住登记

(1)请客人出示有效证件,应使用双手接。

(2)核查后帮客人填写入住登记单并扫描上传至旅馆业管理系统。

(3)询问客人是否有贵重物品需要寄存。

(4)主动向客人介绍酒店其他设施及营业场所,请客人签字确认入住登记单,及时将证件双手交还客人,并表示感谢。

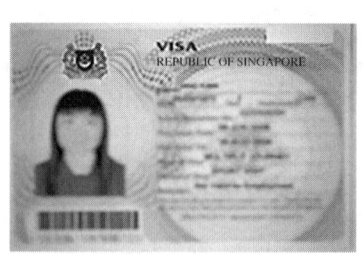 

4. 收款

(1)询问付款方式;根据客人要求的楼层、房间朝向或房间号码,在系统内挑选房号,制作房卡。

(2)根据酒店要求请客人交纳足够的押金,如客人有异议,应做好耐心的解释工作,并表示感谢。

万事达卡　　　　　　国内银联卡　　　　　　运通卡

(3)如客人使用信用卡结算,则先核对身份后按正常程序帮客人刷卡,并将卡号、有效期、预授权等相关信息输入至电脑"信用"栏内,并做好相应备注。

(4)若客人为签单客户,核对宾客签名及是否有签单权限。

5. 制房卡、道别

（1）将押金单双手交给客人。

（2）将已经写好客人房号及姓氏称呼的房卡交给客人，并祝客人住店愉快。

散客入住案例分析

6. 录入系统，单据归档

接待完毕后，将客人的资料及时输入电脑，检查资料的正确性，以便随时备查；将押金单／信用卡单、登记单、预订单整理好后放入指定的文件夹内。

7. 智能化入住操作

在当前的酒店行业中，智能化入住操作已成为一种趋势，部分酒店已引入智能入住一体机，以优化客户体验和提高运营效率。此类设备允许客人通过自助方式完成整个入住流程，包括房间选择、楼层偏好、扫码付款、银行卡支付以及房卡制作等。鉴于市场上提供此类设备的公司众多，其操作界面和流程可能存在一定的差异。然而，普遍而言，这些智能入住一体机具备以下显著优点。

（1）高稳定性与快速办理。设备通过高效的软硬件集成，确保了在繁忙时段依然能够稳定运行，并快速完成人证对比和公安信息上传，极大地缩短了客户等待时间，提升了客户体验。

（2）应对高峰期人流压力。在酒店团队入住和节假日等高峰期，前台接待压力剧增，容易出现拥堵现象。智能入住一体机能够有效分流散客或OTA（在线旅行社）客人，减少排队等候时间，提高客户满意度。

（3）提升夜班工作效率。在夜班时段，酒店前台人员相对较少，而客户流量可能仍然较大。智能入住一体机能够帮助酒店快速处理客户入住和退房事宜，减少客户等待时间，提高夜班工作效率。

（4）满足客户个性化需求。对于注重个性化和私密性的年轻客户，智能入住一体机提供了更加便捷和自主的入住方式。客户可以在机器上自由选择房间、楼层等，无需与前台人员过多交流，满足了客户的个性化需求。

（5）缓解前台工作压力。智能入住一体机作为前台的有效补充，能够协助前台分流客户，减轻前台人员的工作压力。同时，智能设备的引入也有助于提升酒店整体的服务质量和运营效率。

任务 3-2-2　团队入住

❖ 课程模块

典型工作任务

❖ 学习目标

通过本课程的学习，掌握为团队办理入住的一般流程。

❖ 学习任务导图

一般服务流程

1. 入住前的准备工作

（1）团队的接待准备工作标准：团队预到的前一天将房卡，餐券准备好，预到当天查询房态是否为干净房，提前打电话给负责人确认预到的时间，做好接团准备。

（2）团队到店信息确认：

①团队成员统一到，则核对信息，请负责人收齐证件，看房态是否全部为干净房，办理入住（C/I），确认签单人、叫醒服务（M/C）、离店时间等；

②团队成员散到，如有名单，根据名单、系统对应，办理入住（C/I）；如未找到客人名字，则需要致电负责人确认信息。

2. 核对团号、填写餐券

（1）核对团房信息：打印预到团队的房间号，核对与所做房卡是否一一对应，包括姓名、日期是否齐全等；

（2）填写餐券：团房信息核对完毕以后，准确填写各类餐券，标明使用日期和地点，并由选定工作人员负责分发给客人。

3. 团队入住、确认信息

团队住店信息的核对及检查标准：检查整个团队的房型是否与团单一致，押金是否足够，确认叫醒时间、退房时间，以及团队在住期间是否有其他活动安排等。

4. 登记证件、收取押金

当团队客人入住时，按照酒店规定登记所有客人的证件。《旅馆业治安管理办法》规定，旅馆接待旅客住宿必须登记。登记时，应当查验旅客的身份证件，按规定项目如实登记。接待境外旅客住宿，还应当在24小时内向当地公安机关报送住宿登记表。

5. 分配房卡

（1）排房顺序。

VIP客人→有特殊要求的客人→团队→熟客、常客→已付定金等保证类预订客人→要求延期的预期离店客人→普通预订客人→无预订的散客→不可靠的预订客人。

（2）团队分房原则。

①分房顺序：VIP团→特殊要求团队→15：00之前入住团队→大团队→小团队；

②同一旅行社团尽量安排同一楼层；会议或团队做房卡时，注意时间统一在离店日期。

6. 输入资料

（1）客户的基本资料收集：客户名、头衔、称呼、地址、联系电话、传真、E-mail、证件号码、生日、客人特征等。

（2）客户的特别服务要求收集。

①内容：如不吸烟房、喜安静、喜欢带6字房号、对空调不适应要求开窗户等；

②收集途径：各对客部门服务工作中观察或与客人沟通时客人提的要求。

（3）客人入住过程中发生的特别事例。

①内容：如投诉、生病、遗失物品、遗留物品等；

②收集途径：大堂副理处理联系特别事项，各对客部门的服务反馈。

7. 跟进叫醒、行李及用餐等服务需求

（1）准确记录团队客人的叫醒需求，及时输入系统并通知总机。

（2）若团队客人需要行李服务，准确记录细节并及时通知礼宾部。

（3）准确记录团队客人用餐需求，及时通知餐饮部。

团队入住案例分析

任务 3-2-3　VIP 入住

❖ 课程模块

典型工作任务

❖ 学习目标

通过本课程的学习，了解并掌握为 VIP 办理入住的一般流程和注意事项。

❖ 学习任务导图

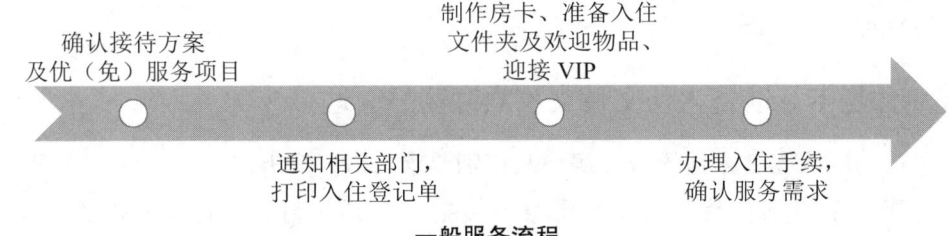

一般服务流程

1. 确认接待方案及优（免）服务项目

（1）VIP 接待标准

V1——由酒店总经理或常务副总经理、副总经理亲自迎接，前厅部经理、公关销售部经理或指定其他部门经理级管理人员陪同迎接，大堂副理带房入住，专用电梯接送。如属国宾级贵宾，需由酒店总经理率部门经理级以上管理人员列队迎接及欢送。

V2——由酒店副总经理迎接或指定酒店总监级管理人员或前厅部经理、公关销售部经理迎接，大堂副理陪同迎接并带房入住。

V3——由大堂副理迎接并带房登记入住，必要时部分贵宾须由前厅部经理或公关销售部经理迎接。

（2）VIP 赠品项目

V1——赠送 V1 花果（总统套房为特制花果），赠送红酒一瓶；

V2——赠送 V2 花果，赠送红酒一瓶；

V3——赠送 V3 花果。

2. 通知相关部门，打印入住登记单

（1）VIP 客人订房需下订单：销售员接到有关 VIP 客人的订房，应立即下单给预订部，所有订单应注明客人的到达时间。

（2）预订部需要提前做好准备工作：预订部接到 VIP 订单后，立即输入电脑，并做好分房；通知客房部准备，提前打印好客人的房卡、欢迎信，并将鲜花水果单送至送餐部。

（3）检查房间设施：客房部应彻底检查房间内设施设备是否完好。

（4）大堂副理提前检查房间及鲜花水果摆放：如果客人第二天到店较早，大堂副理应在客人抵店前一晚检查房间，确保房间一切正常；在客人抵达前两个小时检查房间，并留意鲜花水果是否按规格摆放。

（5）客人到达前应通知相关领导迎接：大堂副理提前确认客人具体到达时间并提前 15 分钟在大堂内等候客人，并根据情况专控电梯和根据客人的重要程度，通知总经理、部门经理出面迎接；楼层主管及服务员应提前 15 分钟到客人所住楼层去迎接客人，客人到时应立即送欢迎茶。

3. 制作房卡、准备入住文件夹及欢迎物品，迎接 VIP

（1）提前确认 VIP 入住天数、房型及特别要求，做好房卡。

（2）贵宾抵店前，及时通知楼层服务员把房门预先打开，按贵宾的人数准备欢迎茶。

4. 办理入住手续，确认服务需求

（1）迎接贵宾，整理着装，手持装有贵宾入住资料的 VIP 皮夹，提前 15 分钟在正门等候贵宾的光临；客人到达后，礼貌地上前迎接，引领客人直接到房间办理入住登记手续。

（2）请客人在入住登记表上签名，把房间钥匙和欢迎卡交给客人，询问客人在酒店入住期间或离店时是否需要代办订车、订票等工作。

（3）礼貌地和客人交换名片，预祝客人在店期间开心愉快。

（4）将填写好的入住登记表交前台接待处主管，并将所有收到的客人名片保留存档，用以建立客人的入住历史资料。

任务 3-2-4　其他类型客户入住

❖ 课程模块

典型工作任务

❖ 学习目标

通过本课程的学习，掌握为其他类型客人办理入住的一般流程。

❖ 学习任务导图

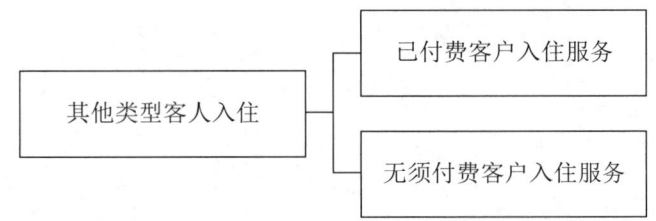

1. 已付费客户入住服务

（1）持房券、套餐券、已预付入住：登记证件→导入资料→打印入住登记单→制作房卡→收取杂费押金。

（2）OTA 免押金担保平台客人入住：登记证件→导入资料→打印入住登记单→制作房卡→无须收取费用。

（3）持收据（预付款、余款）入住：登记证件→导入资料→打印入住登记单→制作房卡→收回收据并与入住登记单订在一起（在财务相关系统查看收据是否为酒店所开具，余额是否充足，不足则另外收取押金）。

（4）持消费券入住：登记证件→导入资料→打印入住登记单→制作房卡→收取消费券作为押金，填写收据，将红联交予客人。

2. 无须付费客户入住服务

无须付费客户主要包括：酒店自用房，免费房，不住店客人为他人授权（不住店客人提前替他人交预授权，住店客人抵达酒店时，只需提供证件），费用挂账公司客人

(所有费用/部分费用)。

(1)需要收取押金的客人。

登记证件→导入资料→打印入住登记单→制作房卡→收取押金,填写收据,将红联给客人。

(2)无须收取押金的客人。

登记证件→导入资料→打印入住登记单→制作房卡→无须收取费用。

项目 3-3　入住期间其他服务

任务 3-3-1　变更离店时间

❖ 课程模块

典型工作任务

❖ 学习目标

通过本课程的学习，了解为客人办理变更离店时间的一般流程。

❖ 学习任务导图

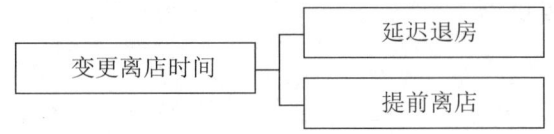

1. 延迟退房

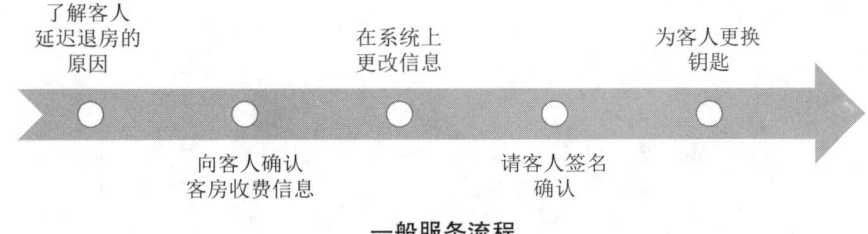

一般服务流程

（1）原则上房间退房时间为 12：00（行政楼层为 14：00），12：00~18：00 退房需要加收半天房费，18：00 后退房加收全天的房费。

（2）处理客人延迟退房的批准权限：大堂副理、接待处经理可根据住房情况批准 14：00 前退房，前厅部经理、公关销售部经理可批准 16：00 前退房，正副总监级可批准 18：00 前退房，总经理及副总经理可批准至 18：00 后退房免收半日租。

（3）若房间延迟退房，应礼貌提醒客人到前台换取新的钥匙。

（4）受理延迟退房的接待员应在系统 C/O Message（退房留言）栏注明（如：Late C/O 14：00 By×××），并请相关批准人在客人入住登记单上签名。

2. 提前离店

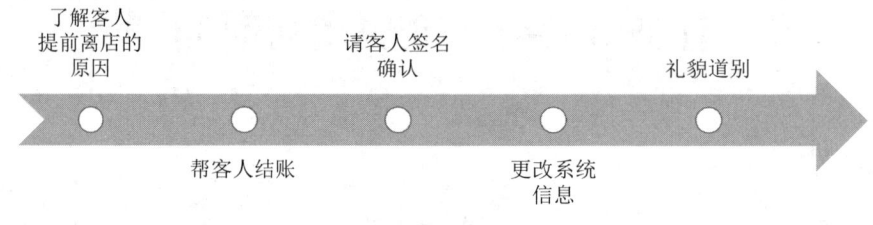

一般服务流程

办理提前离店服务处理流程：

（1）了解客人提前离店的原因。

（2）立即帮客人结账（按正常程序结账）。

（3）若中介已预付全部房费的，不予退款。

（4）电脑中直接点击"EARLY DEPARTURE（提前离店）"。

（5）欢迎客人下次再来。

任务 3-3-2　续住服务

❖ 课程模块

典型工作任务

❖ 学习目标

通过本课程的学习，掌握为客人办理续住的一般流程。

❖ 学习任务导图

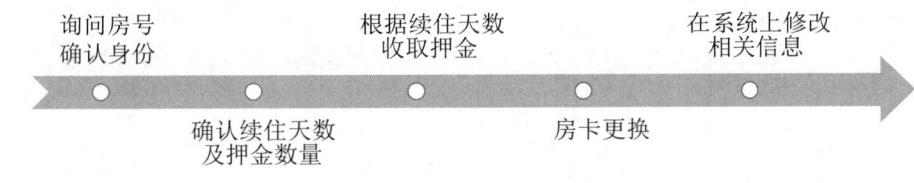

一般服务流程

1. 散客续住服务流程

（1）询问客人房号，并查看电脑与客人确认身份。

（2）与客人确认续住天数，并在系统查看客人押金是否足够（若信用卡，需要注意预授权有效期），且该房之后是否被预订。

（3）根据客人续住天数，重新收取押金。

（4）将客人旧房卡收回，制作新的房卡，更改客人房卡的离店日期；在电脑和入住登记单上更改日期。

2. 团队续住服务流程

（1）查询当天是否有相应房间可提供。

（2）客人自付费的，且当天有房间提供则可办理。

（3）公司付款的，除查看是否有房间提供之外，还需致电公司负责人确认是否公司支付。

（4）在系统里更改退房的日期，重新制作房卡。

任务 3-3-3　加床服务

❖ 课程模块

典型工作任务

❖ 学习目标

通过本课程的学习，掌握为客人加床的一般流程。

❖ 学习任务导图

一般服务流程

1. 加床的处理流程

（1）礼貌询问客人加床床型、加床天数等，并告知客人加床费用。
（2）若客人同意，应记录客人房号、姓名，致电客房确认是否有床。
（3）加床应立即致电客人，取得答复后，并开具杂项单请行李员送至客人房间签字确认。
（4）若客人在前台要求加床，则立即开单给其签名确认。
（5）通知客房加床并跟进。
（6）将相关信息输入系统，留底备查。

2. 注意事项

加床到期或此房续住时，应与客人确认是否撤床或继续加床，并立即通知客房部。

任务 3-3-4　房间增加住客服务

❖ 课程模块

典型工作任务

❖ 学习目标

通过本课程的学习，掌握为客人办理房间增加住客的一般流程和注意事项。

❖ 学习任务导图

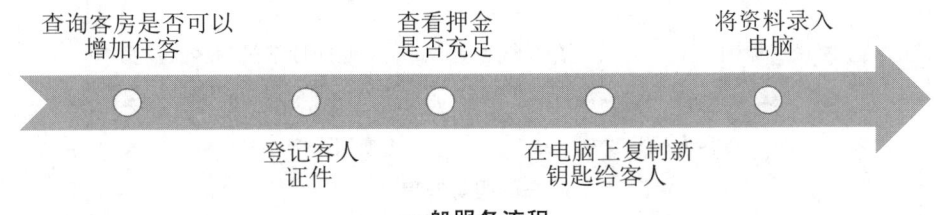

一般服务流程

1. 增加住客的处理流程

（1）了解此房是否可以增加住客。

（2）登记需要加入客人的证件。

（3）询问客人住店的天数。

（4）查看押金是否足够。

（5）在电脑上复制新钥匙给客人。

（6）将资料输入电脑。

2. 注意事项

如房间增加住客，应先与住店客人确认，同意的情况下方可办理。若房间已满员，则该房间无法增加住客，要提醒客人另开一间。

任务 3-3-5　换房服务

❖ 课程模块

典型工作任务

❖ 学习目标

通过本课程的学习，掌握为客人办理换房的一般流程。

❖ 学习任务导图

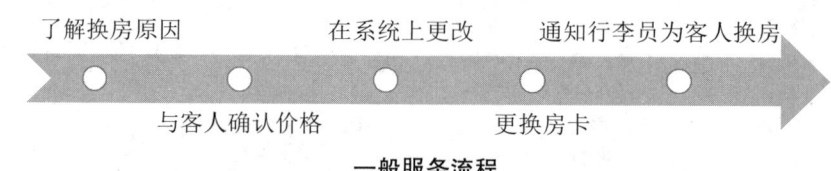

一般服务流程

1. 换房手续

（1）如客人要求转房，应首先问清客人转房原因：

①转同级别的房间必须问清楚原因，如无合理原因，需交大堂副理处理，原则上不予转房；

②从低级别房间转高级别房间，房价需相应提高，随时都可为客人转；

③从高级别房间转低级别房间，如房价要相应降低，在 12：00 前提出，可安排转房，超过此时间，非酒店原因，原则上不予转房。

（2）如经查是酒店的原因造成转房，应表示歉意，同时报大堂副理处理。

（3）根据客人的需要，为客人转房，如是客人对房间不满意，先表示歉意。

（4）如换到价高的房型的房间，注意房价的更改，并与客人确认新价格。

（5）收回旧房卡，做新房卡，并在系统中换房（Room Changes），并将其他资料做相应的修改，下 OMS 转房单通知客房服务中心及总机，记下所通知员工的姓名。

（6）通知行李员为客人换房。

换房服务视频

2. 换房原因

（1）酒店要求客人换房的原因

①客房设备突然发生故障，一时无法修复；

②已为预订客人保留好房间，但因原住客延期离店而无法提供；

③为了使团队客人集中排房，要求散客换房；

④发生重复派房，给后来者换房；

⑤出现意外凶杀、失窃、死亡等事件，给其他客人换房。

（2）客人要求换房的原因

①住客正租用的客房过大或过小；

②客人希望入住价格更便宜或更贵的客房；

③住店期间，客人的人数发生变化；

④客房设备有故障，一时无法修复；

⑤对楼层不满意；

⑥住客对入住的房间位置不满意或朝向不满意；

⑦住客对入住的房号不满意；

⑧因外部噪声而要求换房。

任务 3-3-6　保密服务

❖ 课程模块

典型工作任务

❖ 学习目标

通过本课程的学习，了解为客人办理保密服务的一般流程。

❖ 学习任务导图

```
确认房号                    备注细节并将姓名处打上
及保密程度                     "保密"两字
    ●          ●          ●          ●
         确认信息并记录              通知总机注意
         通知者姓名                  此房电话转接
```

一般服务流程

1. 保密服务的处理流程

（1）向客人问好，并向客人提供帮助。

（2）与客人确认房号登记信息及保密程度。

（3）与客人再次确认信息并记录下通知者姓名。

（4）在系统的备注中注明细节，并在姓名后加"保密"两字，例如：小明（保密）。

（5）通知总机注意此房电话转接。

2. 保密程度

保密程度主要包括：禁止查询、部分人员不能查询、所有电话不接、仅内线/外线不接。

任务 3-3-7　外币兑换服务

❖ 课程模块

典型工作任务

❖ 学习目标

通过本课程的学习，了解为客人办理外币兑换服务的一般流程和注意事项。

❖ 学习任务导图

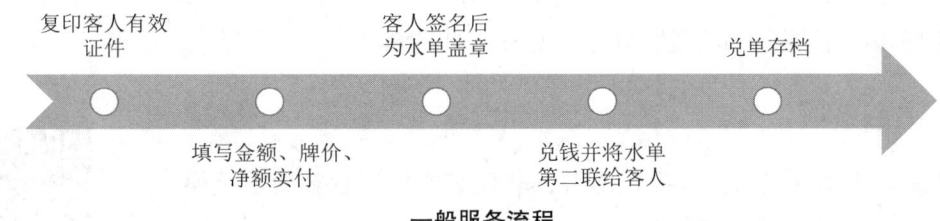

一般服务流程

1. 外币兑换服务流程

①复印客人的有效证件；
②填外币金额、牌价、净额实付；
③请客人签名；
④兑换水单上盖章；
⑤配钱给客人；
⑥将兑换水单第二联给客人；
⑦兑单存档。

2. 外币兑换水单的填写标准

（1）外汇兑换水单按编号顺序使用，不可撕毁丢弃。作废要保留三联，注明"作废"交总出纳。每班列清单号交接。

（2）填写兑换水单要用黑色水笔或签字笔，不能用圆珠笔。

（3）外籍客人，水单各项内容要用英文填写，如"Nationality""Date""Name & Signature""Nansha Grand Hotel"；国内居民用中文填写。

（4）外币币别要用标准外币货币符号，如美元 USD、港元 HKD。

（5）计算人民币时，精确到分位数，分位数后四舍五入；配款时精确到角位，角位后四舍五入。

（6）"摘要"内注明外币号码。

（7）业务公章：水单三联都要加盖业务公章，注意调校业务公章的日期为当日。

（8）国内居民兑换外币，应在水单第二联（客户留存）的水单号码上方与"外汇兑换水单"字样并排处，加盖"不可兑回业务"。

（9）坚持"一笔一单"原则，每张兑换水单只能办理一个客人的一种外币兑换请求。不同客人或同一客人的不同外币兑换也要分单。

（10）单笔兑换原则上在等值 5000 美元以下，若超过，则需要提供海关申报单或国内银行取款回单，并复印附于留存水单后。

（11）经办人在"经办"处签正楷中文名。

（12）请当值主管当场复核并于"复核"处签名。

3. 注意事项

（1）本代兑点只为住客提供服务，非住客或餐厅食客要求兑换外币，请客人到中国银行兑换点兑换。特殊情况，请示当值大堂副理处理。

外币兑换服务
案例分析

（2）9:00 左右从中国银行官网获取当天外汇牌价，并打印存档。

（3）外币兑换经手人应认真、仔细地依程序填单、辨伪、配款，请第二人当场复核，并对该笔兑换交易负全责。如发生假币或外币不符合收兑标准被银行拒兑的，由经手人当日先垫付人民币，后向客人退收；如无法追收的，由经手人全款赔偿。

外币兑换服务
拓展知识

（4）禁止私自兑换外币，被发现者酌情降低工资档次（或级别），并给予行政处分或即时作解除劳动合同处理，且不给予经济补偿。

（5）当班主管于 10:00 之前将前一日填写的"兑换外币缴款报表"和"外币兑换清单表"交总出纳到银行兑回人民币。

（6）外币兑换业务共有三个印章："不可兑回业务""外币兑换业务专用章（圆）"和"××大酒店代兑点章（方）"。此三种章是中行授权本酒店办理代兑业务的凭证，每班应做好保养和交班。遗失责任重大，应第一时间报告上级。

（7）复印客人的证件，应注意保管和保密，不能随意处理。

（8）配款要当客人面点数、过机。

4. 外汇表格填写标准

非居民个人外汇收支情况表

外汇兑换水单

项目 3-4　前台退房服务

任务 3-4-1　散客退房

❖ 课程模块

典型工作任务

❖ 学习目标

通过本课程的学习,掌握为散客办理退房的一般流程。

❖ 学习任务导图

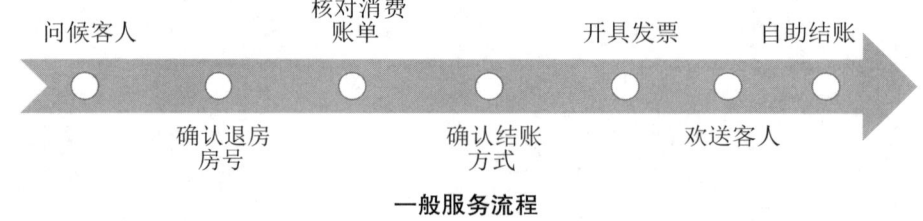

一般服务流程

1. 问候客人

向客人问好,并向客人提供帮助。

2. 确认退房房号

礼貌询问客人房间号码及姓名,注意使用房卡系统查询是否准确。如遇客人将房卡放在房间的情况,前台需在系统下单,客房服务员查询是否在其房间,确认清楚后方可办理。

3. 核对消费账单

(1)根据客人国籍打印相应语种账单。在客人入住时,入住登记单输入时,语言的选择直接影响账单的语种。

（2）打印账单的要求：如一个账页内的账务处理包含多种付款方式，必须打印一份与电脑系统该账页全部账务内容一致的总单。此外，还要每一种付款方式都打印一份独立的账单附在总单后。总单必须由客人签名确认。接待员日结时分类核对装订，由稽核分类保存。

4. 确认结账方式

（1）客人用现金押金结账：收回客人押金收据。若有余款，则直接用 PAID OUT（支付）功能在电脑做账；若需再付，则询问客人的付款方式，再做结算。

（2）客人用信用卡结账：请客人出示信用卡，并核对是否为入住时用的信用卡。若是，则通过 POS 机作离线处理；若不是或者消费金额大于预授权金额的，则作消费处理。另请客人在银行卡单上签名，并核对签名字样是否与卡背面的签名相符。

（3）客人用支票结账：按消费金额填写支票。收取支票时，应注意该支票无折痕，法人章及财务章盖得清晰，付款银行名称、账号填写清楚。

（4）客人用外币结账：首先将外币按当时牌价兑换成人民币，在电脑中平账，余额只能找人民币给客人。旅行支票需客人当面签署，并填写证件号码，需打电话到旅行支票结算中心确认。

（5）费用挂公司账：需有效签单人在账单上签字，或附公司挂账传真或挂账单，将所有账目挂账。需注意所有小单（客人在各营业点的消费单）需齐全，且挂账金额未超限。

（6）房费预付的客人结账时，直接将房费挂账，杂费请客人用现金或信用卡等结算。

5. 开具发票

（1）按照规定开具发票。
（2）在账单上盖上"已开发票"章，备注发票号码。
（3）将发票、账单及银行卡单（若为信用卡结账）装入信封中交于客人。
（4）提示：根据国家税务总局规定，目前可以开具两种发票：增值税电子发票、增值税专用发票。可以开具的项目有住宿服务、餐饮服务、会议服务、交通服务、其他服务等。

散客退房案例分析

6. 欢送客人

祝客人旅途愉快，并欢迎其下次入住。

7. 自助结账

目前在部分酒店已配备智能入住一体机,部分客人可以在房间或者大堂指定的设备上选择房间、扫码开发票、归还房卡等业务,自助完成办理整个退房结账手续。但由于目前市面上提供该类设备的公司较多,操作上也各有不同。

任务 3-4-2　团队退房

❖ 课程模块

典型工作任务

❖ 学习目标

通过本课程的学习，掌握为团队办理退房的一般流程。

❖ 学习任务导图

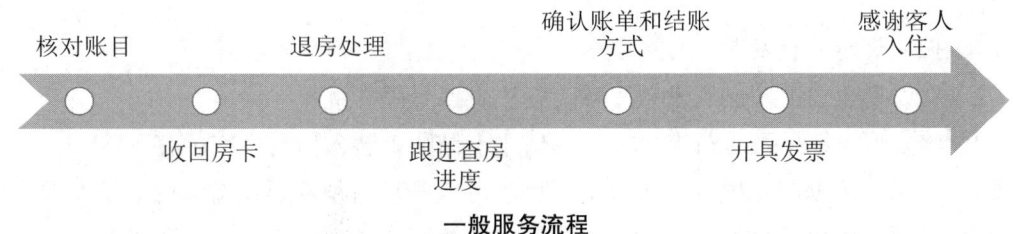

一般服务流程

1. 核对账目

每个团都会在系统中建立 PM 房（团队账目假房）。检查 PM 房的房费、餐费、会议费、杂费等是否准确，跟导游/负责人核对费用。如有汇款款项，查看是否到账，到账才可开具发票。

2. 收回房卡

（1）收到房卡后，准确查询房号与系统核对；
（2）由系统下单，楼层服务员收单查房；
（3）如遇客人丢失房卡，则按相应价格赔偿。

团队退房案例分析

3. 退房处理

（1）收到房卡，在系统内进行退房；
（2）如有额外消费，与导游/负责人确认是否可以入账；不能入账，则由客人自付。

4. 跟进查房进度

跟进房间查房的进度，每十分钟查看系统更新情况，并反馈给导游／负责人。如有遗留物品，则统一通知礼宾部拿取。如查房时间太长，应打电话至客房服务中心确认进度。

5. 确认账单和结账方式

确认团队所有消费。根据客人付款方式帮其结账，如有现金押金的情况，确认无异常后将押金退回给导游。

6. 开具发票

（1）按照规定开具发票；

（2）在账单上盖上"已开发票"章，备注发票号码；

（3）将发票、账单及银行卡单（若为信用卡结账）装入信封中交予客人；

（4）提示：根据国家税务总局规定，目前可以开具两种发票：增值税电子发票、增值税专用发票。可以开具的项目有住宿服务、餐饮服务、会议服务、交通服务、其他服务等。

7. 感谢客人入住

感谢客人入住，并欢迎其下次光临。

任务 3-4-3　VIP 退房

❖ 课程模块

典型工作任务

❖ 学习目标

通过本课程的学习，了解为 VIP 办理退房的一般流程。

❖ 学习任务导图

一般服务流程

1. 通知相关部门

大堂副理通知各部门办理 VIP 退房相关事宜。大堂副理应提前一天与接待单位确认客人的离店时间。如客人费用自付，前台应在前一天晚上准备好账单并送入客人房间核对；如费用转账，应与有效签单人提前确认。如需酒店送机，立即通知车队做好车辆安排，并做好离店欢送的准备工作。

2. 打印账单

打印账单的要求：如一个账页内的账务处理包含多种付款方式，必须打印一份与电脑系统该账页全部账务内容一致的总单。此外，还要每一种付款方式都打印一份独立的账单附在总单后。总单必须由客人签名确认。接待员日结时分类核对装订，由稽核分类保存。

3. 确认签名

账单放在 VIP 夹内交大堂副理请客人签名，签名后交回接待处做退房处理。

任务 3-4-4 其他类型客户退房

❖ 课程模块

典型工作任务

❖ 学习目标

通过本课程的学习，了解为其他类型客户办理退房的一般流程。

❖ 学习任务导图

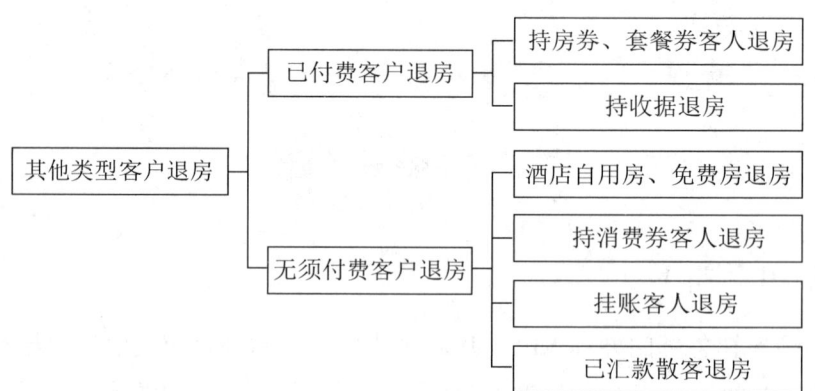

1. 已付费客户退房

（1）持房券、套餐券客人退房结账服务流程

①询问客人房号，确认后报退房；

②询问客人是否消费房间 MINI 吧，如有则入账；

③客间无房费，不用结算；

④如客人有杂费，则根据相应的付款方式结算；

⑤账单、登记卡、订房表、各营业点小单一起投夜审。

（2）持收据（预付款、余款）结账服务流程

①查看系统内收据信息，与客人确认是否用预付款结账。

②如是，则收回收据。根据消费金额做挂账到酒店账户。如之前未开发票，则开具发票。在收据及账单上加盖"已开发票"章。

③如预付款已消费完，直接收回收据与账单订在一起；如预付款还未消费完，则收回收据重开一张余款收据（需注意预付款是否已开发票，余款收据需相应盖章）。

④将回收的收据与账单资料装订好投财务。

2. 无须付费客户退房

（1）酒店自用房、免费房退房

①系统下单查询房态；

②自用房客间无房费，直接系统退房；

③免费房：

免房费和杂费：不用客人结账，直接入酒店招待费用（ENT）；

免房费不免杂费：根据客人押金收据退还杂费押金。如客人有杂费，收取相关款项并入账。

（2）持消费券结账服务流程

①查看消费券是赠送的还是购买的：

赠送的——在系统中冲减账目；

购买的——在系统中直接挂账。

②将消费券剪角，不能找赎，与现金一起投财务。

（3）挂账客人退房结账服务流程

①根据所有费用挂账/仅房费挂账（杂费需自付），打印相应的账单给客人签名确认。房价保密的情况下，不用客人签名。

②根据实际金额做挂账到相应公司/中介，一律先不开具发票，由财务开具。

（4）已汇款散客退房结账服务流程

①费用保密的，直接挂账酒店；不保密的，让客人账单签名再挂账。

②如无其他消费，将押金退回给客人。

后置活页

★思政要点★

工匠精神

  工匠精神是社会文明进步的重要尺度、是中国制造前行的精神源泉、是企业竞争发展的品牌资本、是员工个人成长的道德指引。"工匠精神"就是追求卓越的创造精神、精益求精的品质精神、用户至上的服务精神。其精神核心是,不仅仅把工作当作赚钱养家糊口的工具,而是树立起对职业敬畏、对工作执着、对产品负责的态度,极度注重细节,不断追求完美和极致,给客人无可挑剔的体验。将一丝不苟、极致服务的工匠精神融入酒店服务的每一个环节,真诚待客、热情服务,为客人提供打动人心的一流服务产品。

课程模块小结

课后习题	案例分析	拓展知识
(二维码)	(二维码)	(二维码)

课后实操考核要点

1. 散客入住服务考核	7. 房间增加住客服务考核
2. 团队入住服务考核	8. 外币兑换服务考核
3. VIP入住服务考核	9. 散客退房服务考核
4. 变更离店时间服务考核	10. 团队退房服务考核
5. 续住服务考核	11. VIP退房服务考核
6. 加床服务考核	

学习心得

模块四 礼宾部

前置活页

适用职位	礼宾员
内容属性	通用性知识与技能、个性化知识与技能
适用层次	中职学生、高职学生、本科学生
学习方式	课堂教学、校内实训、岗位实践
学习目标	1. 了解礼宾部业务知识、工作职责与标准； 2. 掌握礼宾部相关服务的一般流程。
评价方式	理论考核、实训考核
课程引入	
案例导入	

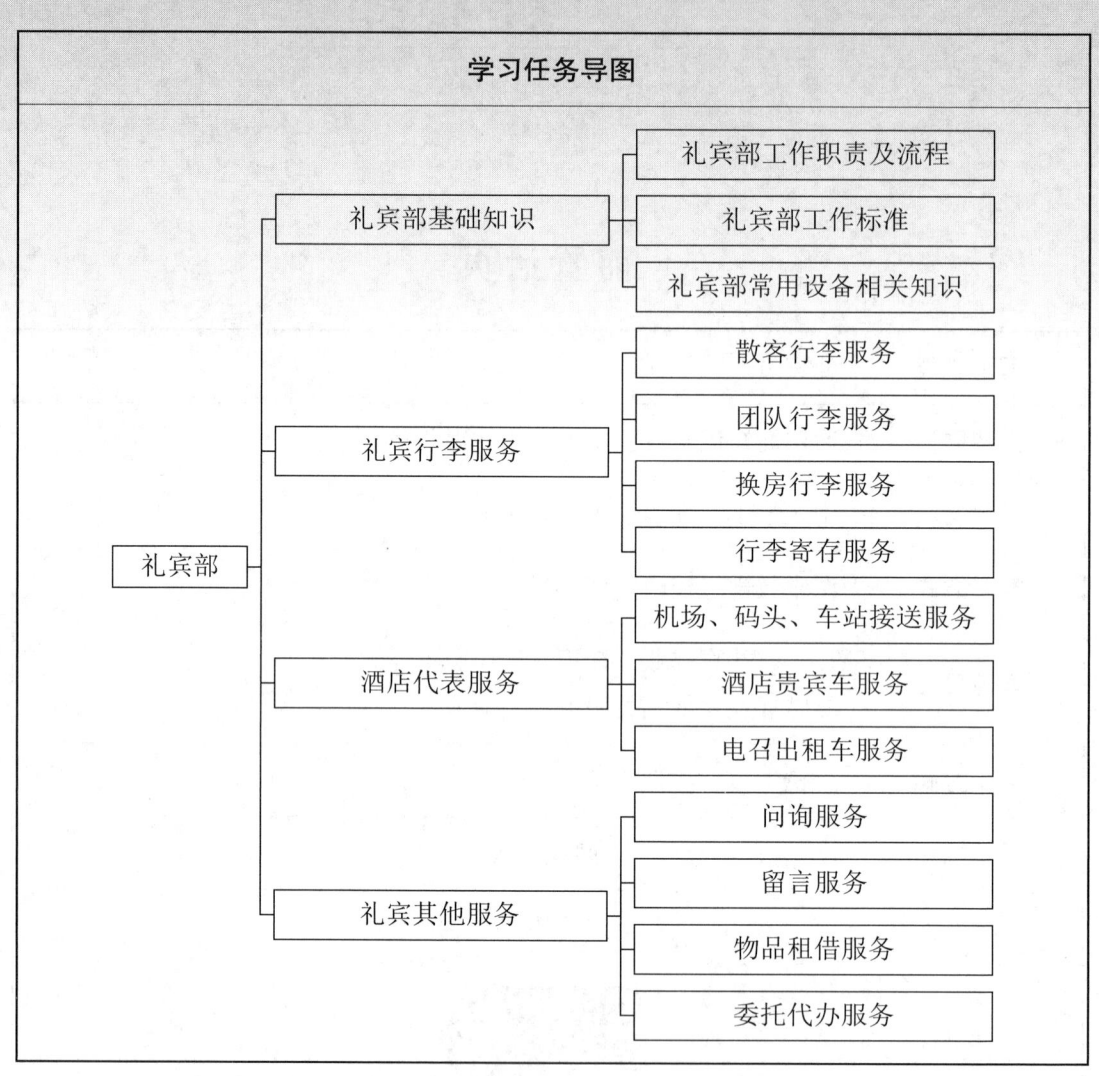

始于需求，终于满意

项目 4-1　礼宾部基础知识

任务 4-1-1　礼宾部工作职责及流程

❖ **课程模块**

部门基础知识

❖ **学习目标**

通过本课程的学习，了解礼宾部的部门职能、礼宾员的岗位职责和各班次的工作流程。

❖ **学习任务导图**

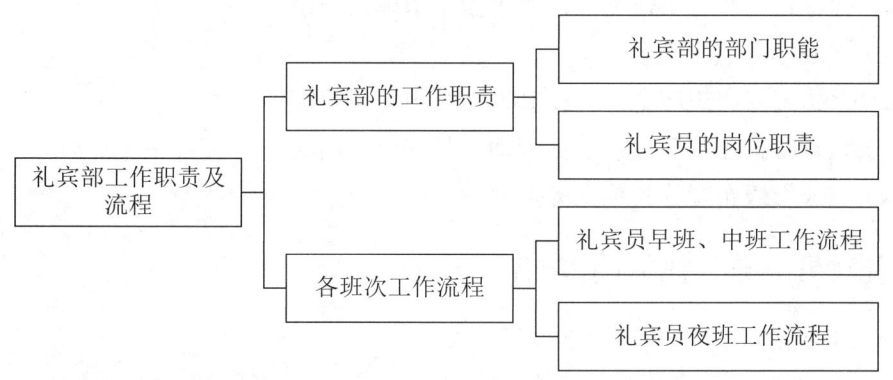

1. 礼宾部的部门职能

"以礼为先，以礼待人"，这是酒店礼宾部全体成员共同的美好愿望，也是礼宾部各成员日常行为的一个共同准则。

礼宾部隶属酒店前厅部，它负责代表酒店迎送每一位客人，为客人搬运行李并提供行李的寄存服务。此外，礼宾部还负责客人车辆的安排，整理客人的邮件及整个酒店的报纸和邮件的派送等。

2. 礼宾员的岗位职责

（1）按要求穿着工作服准时上班。

（2）上岗前自我检查仪容仪表，配齐对客服务用品。

（3）开班前会，了解当日VIP客情，接受仪容仪表检查。

（4）在大堂入口处迎接客人，为进出酒店的客人开门。

（5）仔细运送行李，确保不被碰撞、损坏，仔细点数，并获得客人确认或接收人的确认。

（6）礼貌地引领内、外宾到房间，并根据情况用正确熟练的语言向客人介绍酒店的服务设施和客房设备。

（7）迅速地把进店团队、散客送进房间，绝不能把行李留在楼道内。

（8）及时收取离店团队、散客行李，并请客人确认。

（9）尽量使用客人姓名称呼客人。

（10）为客提供邮件、留言、物品递送服务。

（11）外出为客提供购票、修理等委托代办业务的服务。

（12）为客提供出租车电召服务。

（13）为客提供行李物品寄存和店内公共区域内寻人服务。

（14）保证自己所有工作都已按要求做了正确的记录。

（15）严格遵守职业道德。

（16）严格遵守店规店纪，不在客人区域内大声喧哗。

（17）认真维护公共卫生，爱护劳动工具和公共用品。

（18）完成上级布置的其他任务。

3. 礼宾员早班、中班工作流程

（1）准时到达岗位签到，检查仪容仪表。

（2）与上一班员工交班，仔细查看交班本，检查上一班工作区域（柜台、行李车、行李房），检查旗帜情况，了解未完成事项。

（3）核对本部物品是否齐全（对讲机、雨伞等）。

（4）查询并熟悉以下内容：

①预到、预离客房数量；

②VIP客人的抵离时间；

③会议接待安排；

④散客、团队行李情况，并合理安排。

（5）了解当天高铁、航班情况，如遇特殊情况，需通知大堂副理、接待处、预订部及总机，并记录在案。

（6）及时派送报纸、杂志和邮件等。

（7）为客人提供礼宾部相应服务。

（8）完成上级交办的任务。

（9）检查各项工作的进展情况及要办事情的处理结果，详细填写交班本，准备交接班。

4. 礼宾员夜班工作流程

（1）准时到达岗位签到，检查仪容仪表。

（2）与中班员工进行交班，仔细阅读交班本，了解未完成事情。

（3）核对本部物品是否齐全（对讲机、雨伞等）。

（4）接待客人，回答客人的询问，帮助抵离店客人运送行李、存取行李，并做好相应记录。

（5）在柜台区域为客人提供服务。

（6）在适当时间可在柜台坐下休息，有客人来柜台时必须立即站立，回答客人的询问。

（7）不得随意离岗，有事离开要向当值大堂副理报告去向。

（8）整理柜台及维护行李房等指定区域的卫生。

（9）检查礼宾部物资是否正常。

（10）做好礼宾部当天报表。

（11）及时派送各类报表。

（12）随时检查旗帜情况。

（13）通宵班工作项目逐项落实、认真填写，对晚上发生的事情和夜间工作做好记录、填写交班本。

任务 4-1-2　礼宾部工作标准

❖ 课程模块

部门基础知识

❖ 学习目标

通过本课程的学习，了解礼宾部的工作标准。

1. 礼宾柜台物品摆放标准

柜台各文件夹要摆放整齐，各设施设备要按标准摆放。例如：两部电话要放在显示器的两侧，右电话旁要放便签纸方便记录，左电话旁侧要放打印机和留言单；柜台最左侧摆放机票打印机和传真机，最右侧摆放交班本和各项单据。确保物品摆放整齐、美观、安全、取用方便。

宣传架上摆放的酒店的各项资料要整齐，确保干净、无污损、无折痕。

2. 行李寄存和摆放标准

（1）行李寄存标准

①寄存行李的原则是，先放行李架后放地面，先放里面后放外面，衣物要挂在横杆上；

②对寄存的易碎物品应挂上"小心轻放"的标志；把行李寄存卡上联和"提示牌"挂在寄存行李上，并摆放在显眼的位置上；根据行李牌的尾号摆放在相应的行李架上。

（2）礼宾部行李房物品的摆放标准

①物品尽量以团队归类划分放置，摆放整齐有序；

②大件物品及易碎品尽量放在下面的行李架，避免放在高处搬动时被摔毁；

③按照寄存时间分为短期寄存和长期寄存，根据时间长短放置在相应的行李架上；

④行李应尽量放置在行李架、行李架周边或行李车上，避免放在行李房中间位置，阻挡行李车及行人通行。

3. 行李车的摆放和使用标准

（1）行李车的摆放标准

一般情况只放一辆大车，用于客人入住酒店时所用；其他车辆放于行李房内，用于客人离店时所用和会议团物品运送等。行李车摆放要整齐，保持清洁，定时做卫生。

（2）大行李车的使用标准

①大行李车的活动轮在后面，搬运行李时必须小心，不得乱抛、脚踢，行李不拖地，不能坐行李和行李车，标志不放倒；

②行李装运：先大后小、先重后轻等；

③行李装车要摆放整齐，方向要一致，衣物要挂在行李车横杆上；

④易碎物品要单独放，运送时要小心；

⑤装行李时，不得高于行李员的视线。

（3）小行李车的使用标准

①小行李车必须推行李，不能拉行；搬运行李时必须小心，不得乱抛、脚踢，行李不拖地，不能坐在行李和行李车，标志不放倒；

②行李装运时应遵循先大后小、先重后轻的原则；

③行李装车要摆放整齐，方向要一致，衣物要挂在行李车横杆上；

④易碎物品要单独放，运送时要小心。

4. 公共区域指引及动作标准

公共区域的指引：在客人从正前方过来时，客人在七米范围内要进行目光交流，五米范围内要微笑，三米范围内要打招呼，将客人引导至正确的方向。

5. 内外线电话的接听标准

（1）电话接听语音要清晰，语调要亲切，工作期间不能打私人电话。

（2）电话铃响三声内，必须接起电话，清晰地报："您好，礼宾部！"如因工作需要超过三声响铃后才接听的电话，则必须先向客人说："抱歉，让您久等了。"或英文"I'm sorry to have kept you waiting."再报问候语及部门的名称。需要对方等候时，说"请稍等"并使用电话的 HOLD LINE（呼叫保持）功能。如让对方等候了一段时间（30秒以上）应说"对不起，让您久等了"，并及时向客人汇报工作进度。

（3）对内线非客人房间电话，用普通话报"您好，礼宾部"。

6. 门岗站立和开车门标准

（1）门岗站立标准

时刻面带微笑，精神饱满；说话时不可太夸张，不可过于喜怒形于色。双眼正视前方，头微上仰，挺胸收腹；双手自然放于背后，左手掌握住右手背；双脚分开，与肩同宽或比肩膀略宽。不得倚墙靠柜，不做小动作，手不得插入口袋中。站立于大门侧指定位置处。

（2）开车门标准

为每位乘车抵/离酒店的客人开关车门。应用礼貌迎送用语，服务动作需规范。送离店客人上车后，必须目送客人车辆离开，适当加上摆手礼，恭送客人。在车离开后，才能转身离开回到自己的岗位。

①为客人开车门，严格按要求一人负责一车，开/关车门时注意护顶及帮助有需要的客人上/下车；

②及时提醒乘车到店的客人是否有物品遗留在车上；

③门迎因带行李来不及补位时，请保安员临时代迎客、开车门；

④随时了解门外停靠车辆和需接送客人的情况，特别是特种车牌的小轿车。

7. 各类单据填写标准

车单上要注明客人姓名、房间号码、使用车型、用车时间及客人用车的目的地，并写清支付方式、用车的费用等信息。在备注一项，应注明单双程及用车人数，最后由经办人及客人签名，交接待处入账。

8. 立牌的摆放标准

立牌要摆放在相应会议室的一侧，如下图所示：立牌摆放在会议室入口的右侧。如果当日有多个会议团，同一侧的立牌高低要一致，立牌内纸张不能有折叠，过期立牌应及时撤回。

9. 责任范围的卫生标准

礼宾部责任卫生范围主要包括礼宾柜台、行李房、客人休息区及酒店正门等处。每个班次的当值员工均应检查、清扫、整理责任区域卫生，确保物品资料摆放整齐，卫生合乎标准。

任务 4-1-3　礼宾部常用设备相关知识

❖课程模块

部门基础知识

❖学习目标

通过本课程的学习，了解礼宾部常用设备使用和保养知识。

礼宾部常用的设备有对讲机、行李车、打包机、电子秤等。

1. 对讲机

（1）认识对讲机功能键，打开开关声音旋钮并将声音调到合适位置，对好频率；

（2）长按左侧通话键，红色信号灯亮起，放至嘴前方 10~15 厘米处，进行喊话；

（3）通话结束松开左侧通话键，等待对方回复；

（4）在特殊环境下，比如噪声大的地方，可以戴上耳机或延长喊话器，便于使用。

2. 行李车

（1）行李装运应先大后小、先重后轻；

（2）大件、多件行李用大车，注意按行李重量、大小摆放；

（3）轻拿轻放，小心行李；

（4）不乱抛、不脚踢，行李不拖地；

（5）不能坐在行李和行李车上，标志不放倒。

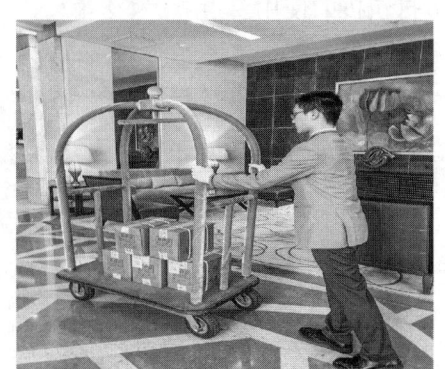

3. 电子秤

（1）按电子秤开关；

（2）按下清零键；

（3）将需称重物品放至秤上，即可显示物品重量。

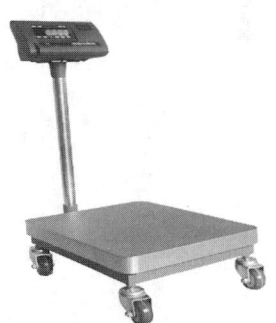

4. 打包机

在酒店的礼宾部，可免费为客人的行李物品进行打包服务。特别是准备乘坐飞机的客人，其行李要求稳固，以便于行李的寄运输送。

（1）打包机的使用

正确使用打包机，如图所示。

（2）打包机的使用要点

①贵重物品和现金不能被打包；

②在打包的过程中，注意物品的包内摆放要求，切忌用力过度；

③在打包的过程中，最好有客人在现场监督其物品的封装过程。

项目 4-2 礼宾行李服务

任务 4-2-1 散客行李服务

❖ 课程模块

典型工作任务

❖ 学习目标

通过本课程的学习,掌握为散客运送行李的一般流程。

❖ 学习任务导图

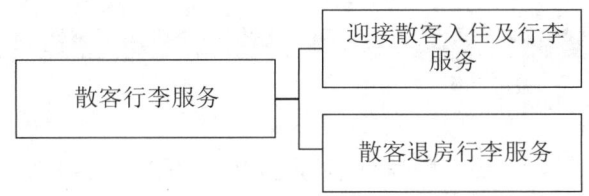

1. 迎接散客入住及行李服务

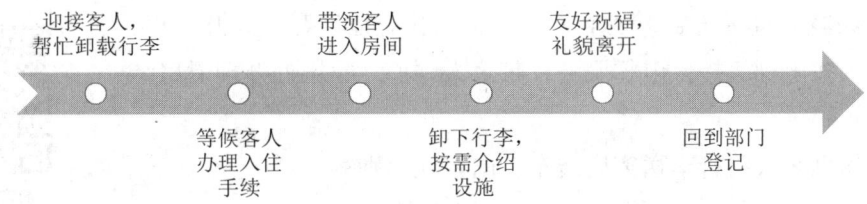

（1）当车辆到达酒店时,礼宾员上前迎接客人。礼宾员帮助客人卸行李,并请客人清点过目,准确无误后,再帮助客人提拿。对于客人的易碎物品、贵重物品,礼宾员不必主动提拿,如客人要求礼宾员帮忙,礼宾员应特别小心,防止丢失和破损。

（2）带领客人到前台办理登记手续。礼宾员手提行李,走在客

散客行李服务视频

人的左前方，引领客人到接待处办理入住登记手续。如属大件行李，则需用行李车。

（3）客人办理登记时，礼宾员看护好客人的行李。客人到达接待处后，礼宾员站在客人身后，距客人2~3步远（约1.5米），行李放置跟前，随时听候接待员及客人的召唤。

（4）当客人登记完毕时，礼宾员引领客人至房间。礼宾员从接待员手中接过客人的房卡和钥匙卡，主动为客人按电梯，并注意乘坐电梯的礼节；让客人先进电梯，礼宾员进电梯后，按好电梯楼层键，站在电梯控制牌处，面朝客人，并主动与客人沟通。电梯到达后，让客人先出电梯，礼宾员随后提行李跟出。到达客房门口，礼宾员放下行李，按酒店既定程序敲门、开门。打开房门后，应退出客房，用手势示意客人先进。

（5）放好行李，按需向客人介绍房间设施。将行李放在客房行李架上，然后介绍房间设备设施。礼宾员在介绍时，手势不能过多，时间不能过长，以免给客人造成索取小费的误解。

（6）礼宾员离开客房前，应礼貌地向客人道别，并祝客人入住愉快。

（7）返回礼宾部填写"散客行李入店登记表"。

2. 散客退房行李服务

（1）当礼宾部接到客人要求搬运行李的通知时，应问清客人房号、行李件数及搬运行李的时间，并决定是否需要行李车，然后指派礼宾员去客房收取行李；

（2）与住客核对行李件数，检查行李是否有破损，如有易碎物品，应贴上易碎物品标志；

（3）如客人直接离店，装上行李后，则礼貌地请客人离开客房，主动为客人按电梯，提供电梯服务，带客人到前厅收银处办理退房结账手续；

（4）协助客人将行李送离店装车，向客人道别；

（5）返回礼宾部填写"散客行李出店登记表"。

散客行李服务
案例分析

任务 4-2-2　团队行李服务

❖ 课程模块

典型工作任务

❖ 学习目标

通过本课程的学习，了解为团队运送行李的一般流程。

❖ 学习任务导图

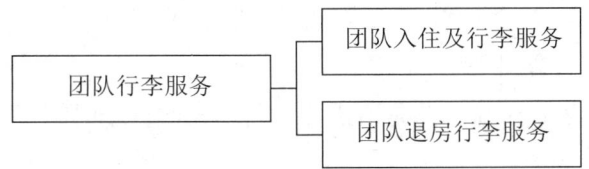

1. 团队入住及行李服务

一般而言，酒店礼宾员只负责店内行李的运送与收取。

（1）团体行李到达时，礼宾员点清行李件数，检查行李有无破损，填写"团体行李入店登记表"。

（2）礼宾员根据接待处提供的团体分房表，在每张行李标签上写上客人房号。填写房号要准确、迅速。

（3）将写上房号的团体行李装上行李车。装车时应注意：

①硬件在下，软件在上；大件在下，小件在上。特别注意有"请勿倒置"字样的

行李。

②同一团体的行李应放于同一趟车上，放不下时分装两车；同团体的行李分车摆放时应按楼层分车，同一楼层或相近楼层的行李应尽量放在同一趟车上。

③如果同一层楼有两车行李，应根据房号装车。如果同一位客人有两件以上的行李，则应把这些行李放在同一车上，不分开装车，以免客人误会丢失。

④遵循"同团同车、同层同车、同侧同车"的原则。

（4）行李送到楼层后，按房号分送行李。

（5）送完行李后，将各个房间的行李件数准确地登记在"团队行李入店登记表"上，并按照入住单上的时间存档。

2. 团队退房行李服务

（1）了解团队离店资料

取出该团队行李表，了解团队是否需要收行李及收行李时间，了解行李数量。

（2）收取行李

礼宾员应比原定收取行李时间提前10分钟带团队资料（行李表）到楼层，按房号逐间收取行李。

（3）搬运与签收行李

将行李搬入大堂后再次清点行李，与领队一起检查确认无误后，请其在行李服务表上签字。待前台确认账务全部结清后，运送行李出店。

（4）资料存档

将填写齐全的"团队行李收发记录表"及所有团体资料一并交由主管存档。

任务 4-2-3　换房行李服务

❖ 课程模块

典型工作任务

❖ 学习目标

通过本课程的学习，了解为换房顾客搬运行李的一般流程。

❖ 学习任务导图

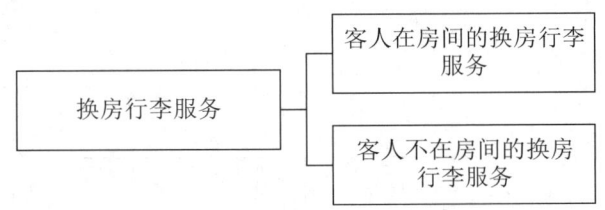

1. 客人在房间的换房行李服务

（1）接到前台通知客人换房，问清房号及客人姓名并领取钥匙及房卡。
（2）根据客人行李大概数量来安排行李车。
（3）了解客人转房的原因。
（4）提醒客人检查是否有物品遗留。

2. 客人不在房间的换房行李服务

（1）请示：客人需要转房，但不在房间，必须先请示大堂经理。
（2）多人协助转运行李：行李员与前台确认需要换房的房号，请大堂经理、保安部主管、客房主管等协助一起搬运行李。按要求将客人个人物品收拾封装好，并在行李清单登记好，在场人员一同签名确认。
（3）还卡登记：将旧钥匙或房卡交回前台，并在行李服务表上做好登记。

任务 4-2-4　行李寄存服务

❖课程模块

典型工作任务

❖学习目标

通过本课程的学习，了解为客人办理行李寄存和取回寄存行李的一般流程，以及注意事项。

❖学习任务导图

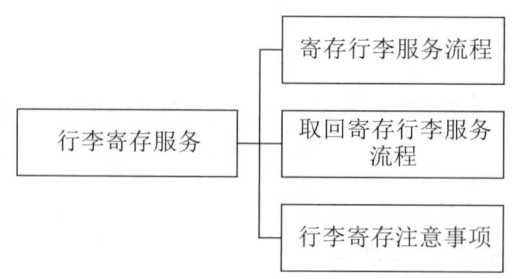

1. 寄存行李服务流程

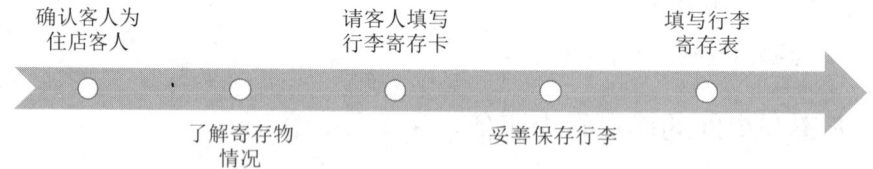

（1）询问客人是否为本酒店客人，请其出示房卡。

（2）了解客人寄存物品情况，如发现为贵重或易碎等不予保管的物品，应向客人解释或联系大堂副理处理。

（3）收存行李前向客人报行李件数，如发现破损，应立即向客人说明。

（4）在行李寄存卡上，填写日期、经手人、行李件数、客人的联系方式、房号等，并请客人签名，将寄存卡撕下交予客人。

（5）将寄存卡上联挂在寄存行李的显眼位置；如多件行李，则必须摆放于一处，并用行李绳绑扎在一起。

（6）在"行李寄存表"上，登记好日期、时间、行李件数、存仓地点、寄存牌号码、经手人等各项内容。

2. 取回寄存行李服务流程

（1）客人持行李寄存卡取行李。

①在寄存表上查询该行李的寄存地点，进入行李房后，迅速寻找寄存卡上联，核对寄存卡的上下联号码、客人签名是否一致无误，如无差错，则把行李上的寄存牌解下，将行李提出行李房。

②行李交给客人时，即请客人当面确认行李件数是否无误，随后在行李寄存表上注销（写上提取时间、经手人）。把行李寄存卡上下联订在一起，在行李牌下联写上经手人姓名和工号。已注销的行李牌统一放置。

③请客人在行李寄存卡上签字。

（2）无卡取行李。

①要求客人说出寄存时的姓名、房间号码、行李件数和行李特征；

②确认信息与所要提取的行李及寄存卡上联的记录是否一致；

③请客人出示有效身份证件，如护照、身份证等；连同行李上联复印在一起，要求客人在复印件上和存单上签名，然后把行李交回客人；核对无误后，经手人签名，注明日期、时间，寄存牌上联与收条订在一起，交当班主管存档。

3. 行李寄存注意事项

（1）在客人在场时清点每件行李，并向客人说明注意事项。

（2）行李房不寄存现金、金银首饰、珠宝、玉器和护照等身份证件和贵重物品。对于上述物品应礼貌地请客人自行保管，或放到前厅收银处的保险箱内免费保管。已办理退房手续的客人如想使用保险箱，则需由大堂副理进行处理。

（3）酒店及行李房不得寄存易燃、易爆、易腐烂、有腐蚀性的物品。

（4）不得存放易变质食品、易蛀蚀及易碎物品。

（5）如发现枪支、弹药、毒品等危险物品，要及时报告保安部；保护现场，防止发生意外事故。

（6）不接受动物宠物寄存，一般酒店不接受带动物宠物的客人入住。

（7）告知客人行李免费存放时间。

（8）非住店客人的行李，原则上不予寄存；确有原因需要寄存

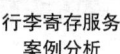

行李寄存服务案例分析

的，须经当值主管或大堂副理同意后方可办理寄存手续。

（9）当客人提出取行李时，必须核对客人持有的行李寄存卡。

（10）请客人在寄存牌上签字，以确认其已经取走行李。

（11）存放期超过一个月的行李，须及时上报大堂副理，并转失物招领处处理。

（12）不允许客人进入行李房。

项目 4-3 酒店代表服务

任务 4-3-1 机场、码头、车站接送服务

❖ **课程模块**

典型工作任务

❖ **学习目标**

通过本课程的学习，了解在机场、码头、车站接送客人的一般流程。

❖ **学习任务导图**

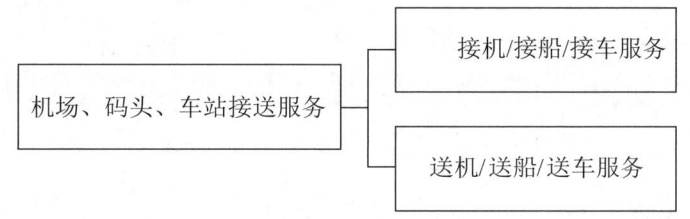

1. 接机 / 接船 / 接车服务

（1）确认客人信息

确认客人联系方式和航班号（船号或车次），确保能及时联系到客人。

（2）做好准备工作

①根据客人的订车要求准备车辆，确保车内和车外卫生干净、整洁；

②准备好酒店宣传册、报纸、杂志、接机牌等；

③必须提前半个小时抵达机场（码头、车站），做好接机准备；根据客人的航班号

（船号或车次）到服务台或通过电子播报屏了解抵达信息，并找到乘客出口处；在客人抵达前10分钟，站在出口显眼的位置等候客人。

（3）接机/船/车

①接到客人时代表酒店热情欢迎和问候客人，并与客人确认行李件数；

②到达车位后快速地将客人的行李放置在车的后备厢，并向客人确认行李，然后为客人开车门并且护顶；

③当客人上车坐定后为客人递送毛巾，告知客人车上准备的报纸、杂志以及宣传册；

④当客人抵达酒店时，接机员快速下车为客人开车门并护顶，欢迎客人入住。

（4）抵达酒店

①为客人卸下行李并确认行李件数，引领客人至酒店前台办理入住登记手续；

②向客人确认接机（船/车）服务费用，并请客人在相关单据上签名；

③引领客人去房间，沿途介绍酒店内设施和服务；

④客人入住后，向客人介绍房间内设施、设备和服务项目；在客人无其他需求后，热情地向客人道别，并祝客人入住愉快，退后三步，轻声关门离开。

2. 送机/送船/送车服务

（1）确认客人信息

①客人要求送机（船/车）服务时，酒店代表将客人提供的信息与电脑信息进行核对，确认其为住店客人；

②向客人确认送机（船/车）服务须知的其他信息，如人数、姓名、车型、航班（船号/车次）号码、离港日期和具体时间；

③立即向车队查询当时的用车情况；

④向客人确认有关付费信息：价格、付费方式等。

（2）准备工作

①酒店代表根据客人要求填写酒店车辆使用单，内容有客人姓名、人数、离店日期、车辆出发时间、机场（码头、车站）名称、离开的航班（船号/车次）号码及时间、所需的车型、所需车辆的数量以及收取的费用及付款方式，请客人签字并询问是否在其要求的时间安排行李服务或其他服务；

②将酒店车辆使用单送至车队，请车队主管在酒店车辆使用单上签字后，将存根联

交车队主管；

③将酒店车辆使用单交给礼宾主管，由其将酒店车辆使用单送至收银处入账；

④礼宾主管在酒店车辆使用记录上登记客人姓名及人数、机场（码头、车站）名称、离开的航班（船号／车次）号码及时间、预订的车型及数量等信息。

（3）送机

①送机当天，酒店代表提前半小时出发到达酒店大堂等候客人到达；

②行李员将客人送上提前等候的车辆；待客人乘坐的车辆离开酒店后，行李员将送机信息通知酒店代表；

③在客人到达后，酒店代表主动为客人提行李；在客人需要的情况下，帮助其办理登机（船／车）手续，最后将客人送入等候大厅；

④酒店代表回到酒店后，将该项服务反馈给礼宾主管，并在酒店车辆使用记录上做好登记。

任务 4-3-2　酒店贵宾车服务

❖ 课程模块

典型工作任务

❖ 学习目标

通过本课程的学习,掌握酒店贵宾车接客和送客的一般流程。

❖ 学习任务导图

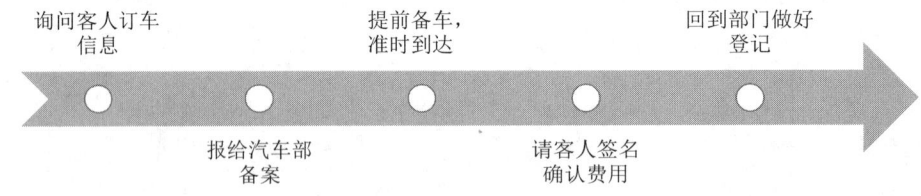

一般服务流程

注:"请客人签名确认费用",可随具体情况灵活调换顺序

1. 接客

(1)记下客人的姓名、联系电话、地点、时间、人数,并与客人确定车型、价格。
(2)报给汽车部并根据路程提前安排出发时间。
(3)按约定时间由柜台与汽车部沟通,确认是否可准时到达并顺利接到客人。
(4)非住客出车前需要提供担保;住客或已有预订,要提醒客人回到酒店后应到礼宾部交费,并由接待处做系统提醒。

2. 送客

(1)先询问客人目的地,出发时间、人数及所需车型。
(2)向汽车部调度查询当天车辆使用情况,向客人报相应车辆的费用(车费+路费)。
(3)客人确认费用后马上填写"贵宾车订单",问清客人付费方式;若客人需费用入房账,必须先向前台收银确认此房可否挂账。

（4）请客人在订单上签名确认，通知汽车部准备，账单交前台收银入账。

（5）提前5分钟准备好车；客人抵达后由柜台指派员工协助客人提拿行李，并送客人上车；将白车单交给司机，若人手不足则将白单交给客人，向客人指明来车位置，并通知门岗接应。

（6）在订车服务记录本上做好登记。当班未能完成的车单须交接清楚，时间较长的写在行李房白板上。

酒店贵宾车服务案例分析

任务 4-3-3　电召出租车服务

❖ 课程模块

典型工作任务

❖ 学习目标

通过本课程的学习，了解电召出租车的一般流程。

电召出租车服务视频

1. 电召出租车流程

（1）了解客人需求，向客人确认费用，留下客人资料与联系电话；

（2）联系出租车司机尽快到达酒店；

（3）出租车到达后，由柜台指派员工引领客人乘车并提拿行李；

（4）回到部门登记。

2. 注意事项

（1）优先推荐酒店贵宾车；

（2）不得收取回扣；

（3）必须做好登记；

（4）当班未能完成的车单须交接清楚。

项目 4-4 礼宾其他服务

任务 4-4-1 问询服务

❖ 课程模块

典型工作任务

❖ 学习目标

通过本课程的学习,了解处理客人问询的流程和注意事项。

❖ 学习任务导图

在客人开口前表示问候 → 适当记录客人需求 → 提供信息

一般服务流程

1. 问询的处理流程

(1)在客人开口前表示问候;

(2)在必要时适当记录客人需求,并适时复述、确认客人的需求;

(3)及时回答客人问题,为客人提供一切需要的帮助。

2. 注意事项

(1)注意询问客人姓氏,并礼貌地问候、称呼客人;

(2)主动询问客人需要什么帮助,态度要友善;

(3)若不能及时回答客人问题,需向客人致歉,记下客人姓名、房号以便得到答案后及时通知客人。

任务 4-4-2　留言服务

❖ 课程模块

典型工作任务

❖ 学习目标

通过本课程的学习，了解为客人办理留言服务的一般流程和注意事项。

❖ 学习任务导图

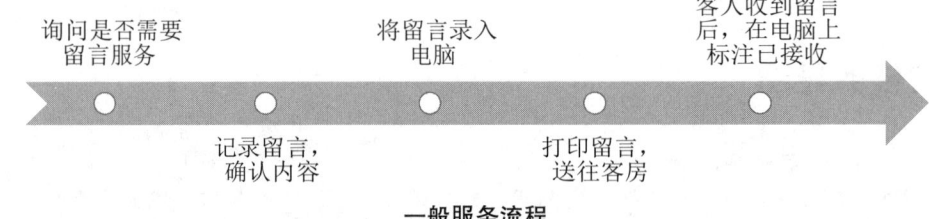

一般服务流程

1. 访客给住客留言服务流程

（1）询问宾客需求，查询客人信息

①主动问候宾客，询问宾客需求；

②接到留言要求后迅速查询客人的名字、房号是否与要求留言者所提供的信息相符；

③核对客人是否住店，客人是否预抵但尚未登记入店；

④除非客人已结账离店，否则应提供留言服务。

（2）准确记录留言内容

①记录留言者的姓名、电话号码，以及何处打来电话等；

②准确记录留言内容。

（3）重复留言内容

重复一遍访客姓名，住店客人姓名、电话号码及留言内容，以获得确认。

（4）留言单处理

①请宾客填写留言单（一式三联）；

②请留言者签字确认，确认后当班人签名；

③将留言单装入信封，通知行李员签收，并送发留言单"客人联"至客人房间；

④另一联留言单送往总机开启客房电话的留言灯；

⑤"留存联"由前厅留底备查。

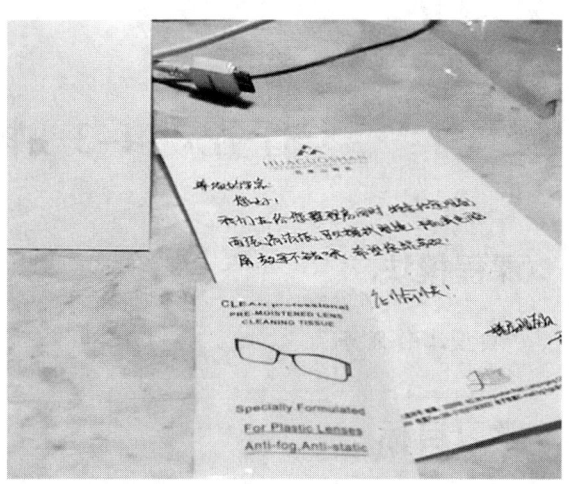

（5）给预抵客人留言

①存放在专用文档袋内，与客人住店预订单放在一起，以便客人入住登记时及时收到留言；

②在交接本上及时做好记录并进行每日交接。

2. 注意事项

（1）留言时必须注意时间、地点、电话号码的准确性，打印出来的留言要及时处理；

（2）若客人有预订但未入住，将留言单送接待处或预订部，与客人预订单放在一起，并仔细核对两者的姓名是否一致；

（3）如果住客设置了 DND（Do Not Disturb，请勿打扰），则将留言从门缝塞入，并通知楼层服务员关注房间状态；如观察到房间 DND 取消，立即通知客人，确保留言通知到位。

任务 4-4-3 物品租借服务

❖ 课程模块

典型工作任务

❖ 学习目标

通过本课程的学习，了解礼宾部借出雨伞、办公用具、轮椅的一般流程和注意事项。

1. 雨伞租借

（1）在住客租借

①详细询问宾客是不是住店宾客，必要时可请客人出示房卡；

②若是住店宾客，告知宾客雨伞是免费租借，若遗失或损坏需赔偿 100 元/把，将从房费中直接扣除；

③礼宾员填写"雨伞租借登记表"，取出雨伞，检查雨伞无损坏后，交予宾客；

④请宾客检查雨伞完好程度，在"雨伞租借登记表"上签字确认。

（2）非住客借用雨伞

①向借用人收取一定金额押金；

②在"雨伞租借登记表"详细登记，并请借用人签名；

③归还雨伞时退还押金。

2. 借用办公用具

酒店可向客人提供手提电脑、剪刀、订书机、充电器、U 盘、移动硬盘、投影仪、白板等物品。

（1）询问客人需借用的物品种类、借用期限和归还日期；

（2）在借据上填写项目，请客人在"借用人签字"栏签名确认。

3. 在住客人租借轮椅

酒店应常备 1~2 部轮椅，以备客需。

（1）询问客人租借轮椅的具体信息，如租借时间等；

（2）由礼宾部负责为客人办理租借手续。

4. 注意事项

（1）原则上只借用物品给住客，非住客可婉拒其要求。

（2）与客房楼层员工沟通。借出物品后，将客人借用设备物品的情况通知客房楼层，请其在客人归还时暂代保管；对已退房但仍未归还物品的，请其协助在房内查找，并记下其工号。

（3）礼宾部内部沟通。写交班记录，交代清楚情况，请同事在归还时间内跟进催归还工作。

（4）与前厅收银台沟通。如客人到退房当天仍未归还，早班须致电前厅收银台，请其在客人退房时通知商务中心，并记下其工号。

（5）客人归还物品时，检查有无损坏，如出现损坏应与客人商量赔偿事宜。

物品租借服务
案例分析

任务 4-4-4　委托代办服务

❖ 课程模块

典型工作任务

❖ 学习目标

通过本课程的学习，了解常见的委托代办服务及其一般流程。

1. 查询服务

礼宾部可以代客人查找一些酒店内外的公司、酒店、餐厅、商店、交通、旅游、娱乐场所的电话或地址，以及代客人查找遗留物品。主要是通过上网、打114台、查阅杂志或本组的资料册获得有关信息，并写在信纸上交给客人。

2. 代订、代购服务

礼宾部可代客人订餐、订报纸、订车，以及订旅行社或导游、网球场。具体操作如下：

（1）在委托书的代办内容一栏上，写清楚所订内容、代办费用等信息，为客人预订完成后将结果告知客人；

（2）订餐：在委托书的代办内容一栏上，写清楚酒家名称、种类、人数、标准、时间，打电话至该餐厅为客人订餐，完成后将结果告知客人；

（3）订报：在委托书的代办内容一栏上，写清楚报纸名称、份数、起止时间、要求、费用等信息，然后派人到邮局或有关地点为客人订报，订好后将结果告知客人；

（4）订旅行社或导游：在委托书的代办内容一栏上写清楚内容、起止时间、要求、人数、代办费用等信息，注明取消出团要收取一定金额的费用，然后打电话或发传真，为客人落实导游，完成后将结果告知客人。

3. 代办维修

礼宾员可代客人外出修理行李、鞋子、摄影器材、手表、眼镜等。

接到代办请求后，应在委托书的代办内容一栏上，写清楚何物、破损程度、数量、要求、时间与地点、交通、代办费用,并安排人手将东西送至有关商店修理,修好后按约定时间送还至客人房间。

4. 快递代收(发)

礼宾员可代客人寄(收)EMS、联邦快递、顺丰快递、圆通快递、中通快递等。具体操作如下。

(1)代寄快递

①了解物品种类、重量及目的地;

②向客人说明有关违禁物品快递的限制;

③如系国际快递,要向客人说明海关限制和空运限制;

④联系快递公司上门收货;

⑤记录运单号,将托运单交给客人并收取费用。

(2)代取快递

①接收快递,清点件数,做好登记;

②在快递上按时间戳,做好分类;

③确认快递收件人房号及姓名;

④对邮件进行分发或转寄,按在店宾客—预抵店宾客—要求转寄服务宾客—离店宾客等顺序进行;

⑤客人对邮件进行签领,礼宾员做好记录。

后置活页

★思政要点★

礼仪文化

以礼仪文化为核心内容之一的中国传统文化，积淀着中华民族深层的精神追求，代表着中华民族独特的精神标识，既是我们增强文化自信的力量源泉，也是我们在世界文化激荡中站稳脚跟的根基之一。我们要加强社会礼仪教育，不断提高商务礼仪、外事礼仪、服务礼仪、职业礼仪水平；建立健全各类公共场所的礼仪、礼节、礼貌规范，推动形成良好的言行举止和礼让宽容的社会风尚。

在酒店行业中，礼宾部的员工通常是旅客真正第一面对面接触的酒店人员，他们作为酒店与外界互动的沟通桥梁。礼宾部员工在对客服务过程中，出于对客人的尊重与友好，在服务中要特别注重仪表、仪容、仪态和语言、操作的规范。尤其是在外宾接待工作中，要展示中华民族礼仪之邦、尊重多元文化的传统美德。

课程模块小结

课后习题	案例分析	拓展知识
[二维码]	[二维码]	[二维码]

课后实操考核要点

1. 散客行李服务考核	5. 酒店贵宾车服务考核
2. 团队行李服务考核	6. 电召出租车服务考核
3. 换房行李服务考核	7. 留言服务考核
4. 行李寄存服务考核	8. 物品租借服务考核

学习心得

模块五 总机房

前置活页

适用职位	总机话务员
内容属性	通用性知识与技能、个性化知识与技能
适用层次	中职学生、高职学生、本科学生
学习方式	课堂教学、校内实训、岗位实践
学习目标	1. 了解总机房业务知识、工作职责与标准; 2. 掌握总机房相关服务的一般流程。
评价方式	理论考核、实训考核
课程引入	
案例导入	

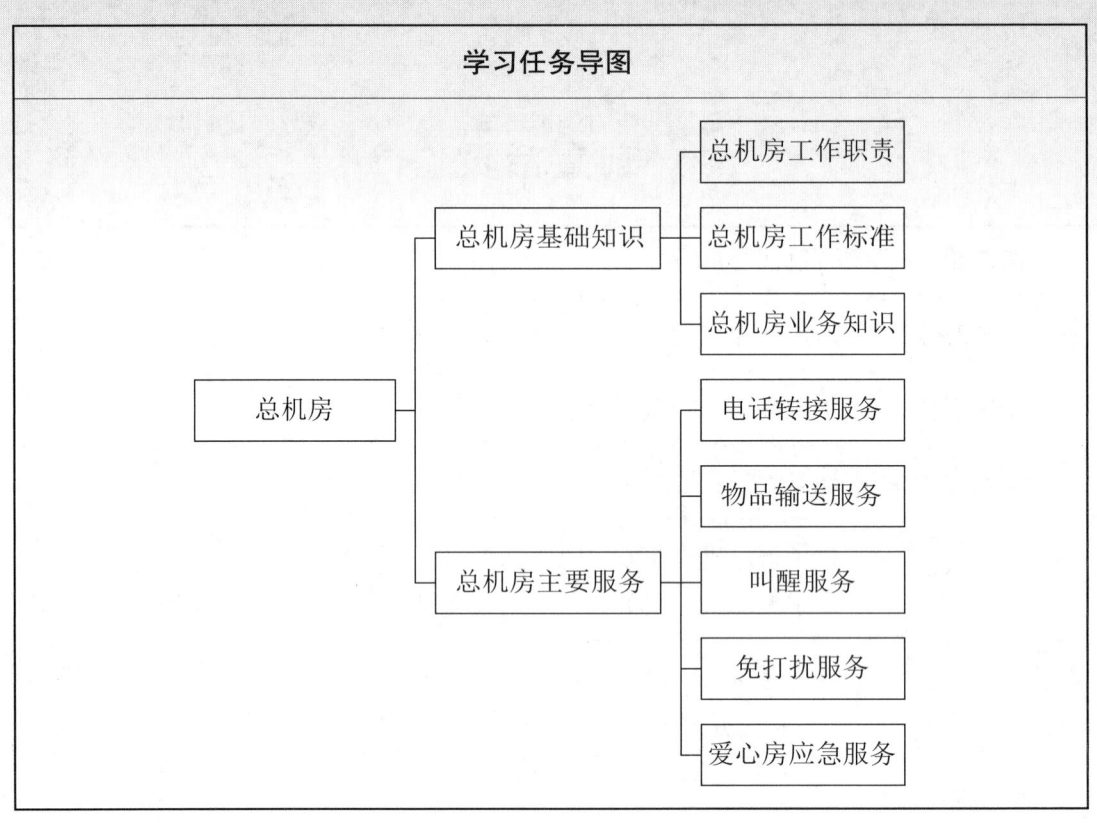

怯懦是你最大的敌人，勇敢则是你最好的朋友。

——莱昂纳德·弗兰克

项目 5-1　总机房基础知识

任务 5-1-1　总机房工作职责

❖ **课程模块**

部门基础知识

❖ **学习目标**

通过本课程的学习，了解总机房的部门职能、总机话务员的岗位职责和各班次的工作流程。

❖ **学习任务导图**

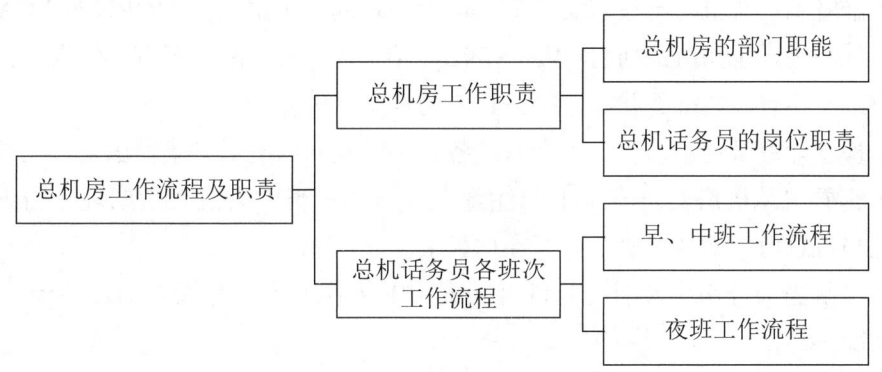

1. 总机房的部门职能

酒店的电话总机是客人内线联系的一个重要窗口。电话服务在酒店对客服务中扮演重要角色，每一位话务员的声音都代表着"酒店的形象"。酒店的话务人员一般不直接和客人见面，而是以礼貌热情的态度、操作娴熟的技能、快捷高效的节奏为宾客提供电话服务，并使宾客对酒店留下良好印象。

2. 总机话务员的岗位职责

（1）牢记各部门每一个分机号码。

（2）迅速、准确地转接每一个电话。

（3）熟知酒店及周边信息，礼貌、准确地回答客人提出的问题。

（4）了解并牢记当天VIP、特殊客人的头衔、姓名及住房。

（5）为客人提供叫醒、留言、电话免打扰等服务。

（6）爱护总机房的设施设备；

（7）处理一般的系统故障，将故障情况及时向上级汇报，并记录在交班本上。

（8）遇到投诉及其他问题，在能力范围以内的，则酌情处理；在自己能力范围以外的，及时向上级汇报。

（9）每班次认真填写交班本，将一切特殊情况和需跟进事宜交班给下一班同事处理。

（10）保持机房内整洁、卫生。

3. 早、中班工作流程

（1）提前10分钟到达前厅部办公室签到，检查并调整好仪容仪表。

（2）准时到达总机房与夜班交接班，向上一班同事了解当天MORNING CALL（叫醒）情况并跟进还未叫醒的所有MORNING CALL；检查叫醒设置有无错漏；到叫醒时间时，要细心检查该叫醒的状态，并按相应的程序处理。

（3）检查计费系统、语音主机和其他各系统以及酒店电话背景音乐是否正常运作。

（4）查看"总机房交班本"上的注意记录，了解当天当值大堂副理、当天天气情况，致电当班总值电话核对确认并写在白板上。

（5）了解当天开房率及有无特殊客人或VIP入住，了解有无DND、转房、保密房等特殊情况。

（6）查询当天的团队一览表，并打印出来。

（7）做好当班期间的卫生清洁和总机房所有物品的摆放等工作。

（8）开展正常话务工作，负责通信、叫醒等服务。

（9）当班期间，不定时检查当天酒店内异常话费及检查叫醒系统主机是否正常运作。

（10）将当班期间所有未叫醒记录、特殊情况、需跟进等事宜记录在交班本上。

（11）中班下班前与前台确认当天所有团队的叫醒时间，并再次检查叫醒系统中所有叫醒。

（12）将当班期间所有未叫醒记录、特殊情况、需跟进事宜等向夜班同事交接。

（13）签退下班。

4. 夜班工作流程

（1）提前10分钟到达前厅部办公室签到，检查并调整好仪容仪表。

（2）与中班同事交接，了解所有散客及团队的叫醒情况，并再次与前台确认团队叫醒时间。

（3）检查计费系统、语音主机以及其他各系统是否正常运作。

（4）查看"总机房交班本""叫醒记录本""团队一览表"的当天记录。

（5）了解当天当值大堂副理、酒店总值、当天天气情况。

（6）了解当天开房率及有无特殊客人或 VIP 入住，了解有无 DND、转房、保密房等特殊情况。

（7）做好当班期间的卫生清洁和物品摆放的工作。

（8）跟进上一班同事交接的未完成的事情。

（9）开展正常话务工作，负责通信、叫醒等服务。

（10）接到当天散客叫醒要求时，清楚记录于"叫醒记录本"并及时设置于叫醒系统中，有特殊情况要写在交班本上。

（11）接到团队叫醒要求时，清楚记录于"团队一览表"，有特殊情况要写在交班本上。

（12）做好当日和次日团队的叫醒服务（M/C 或 W/C），认真检查团单及团队总表是否有差异。

（13）当班期间认真检查所有未叫醒的记录；叫醒时间时，要细心检查该叫醒的状态，并进行相应的处理程序。

（14）在 00：00 以后控制需转接到房间的外线电话；为了保障客人的休息时间不受打扰，建议外线客人留言，待次日早上再为其转告。

（15）上班期间不定时检查酒店内异常话费及检查叫醒系统主机是否正常运作。

（16）每天早上查询当天天气预报并写于白板中，并致电告知大堂副理。

（17）更换当天总值、大堂副理名单。

（18）将当班期间所有未叫醒记录、特殊情况、需跟进事宜等向早班交接班；特别注意将次日 W/C 交班给下一班同事，并通知下一班检查 Failed call posting（叫醒失败记录）报表跟进叫醒情况。

（19）每月月末的通宵班负责打印交财务、前厅的话费报表。

（20）签退下班。

任务 5-1-2　总机房工作标准

❖ 课程模块

部门基础知识

❖ 学习目标

通过本课程的学习，了解总机房接听电话的标准。

接听电话操作标准如下。

（1）铃响三声内接听电话，无论是内外线电话，接听时均需要声音清晰、态度和蔼、用语准确、反应迅速。

（2）两秒钟之内转出分机。

（3）应答电话有耐心，面带微笑；要注意基本的礼貌礼节，要做到"请"字开头、"谢"字结尾。需要别人帮助或配合时要说"请"，得到别人帮助或配合时要说"谢谢"，让客人等候或不满时要说"对不起"，挂电话前要说"再见"。

（4）回答客人的咨询要准确，条理清晰；如遇听不清对方要求或对方所提要求在自己能力范围之外的情况，需立即请上级帮助，切勿敷衍了事。

（5）如果不能立即帮客人解决问题，可询问客人是否可以稍后再打来或我们稍后回复电话给客人，并尽快将解决的结果告知客人。切忌用 HOLD（呼叫保持）键让客人长时间等待。

（6）与客人交谈时，不要打断客人说话。

（7）不对外泄露客人的资料、酒店机密。

（8）接到房间电话时，立即查询系统，熟知客人的资料对提供服务有帮助。

（9）接线员应熟记各分机号码、部门名称、经理的名字和写法以及他们的职称，并能识别高层管理人员的号码及声音特征，打电话来的时候应称呼他们的头衔。

（10）不能说"喂""呃""啊""哦""嗯"等词。

（11）让对方先挂电话。

任务 5-1-3 总机房业务知识

❖ 课程模块

部门基础知识

❖ 学习目标

通过本课程的学习,了解总机房的相关知识。

1. 检查计费系统工作状态的操作

以 WINPAC 计费系统为例。

(1)检查是否有未成功传送到前台的话费:Common report(日常报表)→ Failed call posting(叫醒失败记录)→选择日期→点击 Preview(预览);

(2)检查状态灯是否全部为绿灯,如有红灯或黄灯则为不正常;

(3)检查日期是否准确;

(4)检查计费是否正确。

2. 电话费用表的使用

电话费用表主要统计长途账单的营业收入,对酒店住店客人打国际长途和国内长途的情况进行归类、总结。长途账单营业报表的设计格式因酒店而异,此表大都由财务夜核负责打印。

同时,酒店内部自用电话亦通过此每日及每月统计报表进行统计管理。

3. 中国城市电话区号对照表

北京市 010		上海市 021		天津市 022		重庆市 023	
河北省		浙江省		辽宁省		湖北省		江苏省		内蒙古自治区	
邯郸市	0310	衢州市	0570	沈阳市	024	武汉市	027	南京市	025	海拉尔	0470
石家庄	0311	杭州市	0571	铁岭市	0410	襄阳市	0710	无锡市	0510	呼和浩特	0471
保定市	0312	湖州市	0572	大连市	0411	鄂州市	0711	镇江市	0511	包头市	0472
张家口	0313	嘉兴市	0573	鞍山市	0412	孝感市	0712	苏州市	0512	乌海市	0473

续表

河北省		浙江省		辽宁省		湖北省		江苏省		内蒙古自治区	
承德市	0314	宁波市	0574	抚顺市	0413	黄冈市	0713	南通市	0513	通辽市	0475
唐山市	0315	绍兴市	0575	本溪市	0414	黄石市	0714	扬州市	0514	赤峰市	0476
廊坊市	0316	台州市	0576	丹东市	0415	咸宁市	0715	盐城市	0515	锡林浩特	0479
沧州市	0317	温州市	0577	锦州市	0416	荆州市	0716	徐州市	0516	乌兰浩特	0482
衡水市	0318	丽水市	0578	营口市	0417	宜昌市	0717	淮阴区	0517	阿拉善左旗	0483
邢台市	0319	金华市	0579	阜新市	0418	恩施市	0718	淮安市	0517		
秦皇岛	0335	舟山市	0580	辽阳市	0419	十堰市	0719	连云港	0518		
				朝阳市	0421	随州市	0722	常州市	0519		
				盘锦市	0427	荆门市	0724	泰州市	0523		
				葫芦岛	0429						

江西省		山西省		甘肃省		山东省		黑龙江省		福建省	
新余市	0790	忻州市	0350	临夏市	0930	菏泽市	0530	哈尔滨市	0451	福州市	0591
南昌市	0791	太原市	0351	兰州市	0931	济南市	0531	齐齐哈尔	0452	厦门市	0592
九江市	0792	大同市	0352	定西市	0932	青岛市	0532	牡丹江	0453	宁德市	0593
上饶市	0793	阳泉市	0353	平凉市	0933	淄博市	0533	佳木斯	0454	莆田市	0594
宜春市	0795	长治市	0355	武威市	0935	德州市	0534	绥化市	0455	泉州市	0595
吉安市	0796	晋城市	0356	张掖市	0936	烟台市	0535	黑河市	0456	晋江市	0595
赣州市	0797	临汾市	0357	酒泉市	0937	潍坊市	0536	加格达奇	0457	漳州市	0596
景德镇	0798	运城市	0359	天水市	0938	济宁市	0537	伊春市	0458	龙岩市	0597
萍乡市	0799			甘南州	0941	泰安市	0538	大庆市	0459	三明市	0598
鹰潭市	0701			白银市	0943	临沂市	0539			南平市	0599

广东省		四川省		湖南省		河南省		云南省		安徽省	
广州市	020	成都市	028	岳阳市	0730	商丘市	0370	昭通市	0870	滁州市	0550
韶关市	0751	重庆市	0811	长沙市	0731	郑州市	0371	昆明市	0871	合肥市	0551
惠州市	0752	攀枝花	0812	湘潭市	0732	安阳市	0372	大理市	0872	蚌埠市	0552
梅州市	0753	自贡市	0813	株洲市	0733	新乡市	0373	个旧市	0873	芜湖市	0553
汕头市	0754	绵阳市	0816	衡阳市	0734	许昌市	0374	曲靖市	0874	淮南市	0554
深圳市	0755	南充市	0817	郴州市	0735	平顶山	0375	保山市	0875	马鞍山	0555
珠海市	0756	达州市	0818	常德市	0736	信阳市	0376	文山市	0876	安庆市	0556
佛山市	0757	遂宁市	0825	益阳市	0737	南阳市	0377	玉溪市	0877	宿州市	0557
肇庆市	0758	广安市	0826	娄底市	0738	开封市	0378	楚雄市	0878	阜阳市	0558
湛江市	0759	巴中市	0827	邵阳市	0739	洛阳市	0379	普洱市	0879	黄山市	0559
中山市	0760	泸州市	0830	吉首市	0743	焦作市	0391	景洪市	0691	淮北市	0561
河源市	0762	宜宾市	0831	张家界	0744	鹤壁市	0392	芒 市	0692	铜陵市	0562
清远市	0763	内江市	0832	怀化市	0745	濮阳市	0393	临沧市	0883	宣城市	0563
云浮市	0766	乐山市	0833	永州市	0746	周口市	0394	六库市	0886	六安市	0564
潮州市	0768	西昌市	0834			漯河市	0395	中甸市	0887	巢湖市	0565
东莞市	0769	雅安市	0835			驻马店	0396	丽江市	0888	贵池区	0566

续表

广东省		四川省		海南省		河南省		宁夏回族自治区		新疆维吾尔自治区	
汕尾市	0660	康定市	0836	儋州市	0890	三门峡	0398	银川市	0951	乌鲁木齐	0991
阳江市	0662	马尔康	0837	海口市	0898			石嘴山	0952	吐鲁番	0995
揭阳市	0663	德阳市	0838	三亚市	0899			吴忠市	0953		
								固原市	0954		
吉林省		广西壮族自治区		贵州省		陕西省		青海省		西藏自治区	
长春市	0431	防城港	0770	贵阳市	0851	西安市	029	西宁市	0971	拉萨市	0891
吉林市	0432	南宁市	0771	遵义市	0852	咸阳市	0910	海东市	0972	日喀则	0892
延吉市	0433	柳州市	0772	安顺市	0853	延安市	0911	同仁市	0973	山南市	0893
四平市	0434	桂林市	0773	都匀市	0854	榆林市	0912	共和县	0974		
通化市	0435	梧州市	0774	凯里市	0855	渭南市	0913	玛沁县	0975		
白城市	0436	玉林市	0775	铜仁市	0856	商洛市	0914	玉树市	0976		
辽源市	0437	百色市	0776	毕节市	0857	安康市	0915	德令哈	0977		
松原市	0438	钦州市	0777	六盘水	0858	汉中市	0916				
白山市	0439	河池市	0778	兴义市	0859	宝鸡市	0917				
珲春市	0440	北海市	0779			铜川市	0919				
香港特别行政区 00852				澳门特别行政区 00853				台湾省 00886			

4. 常用紧急电话

匪警 110	火警 119	天气预报 12121	水上求救 12395
急救 120	短信报警 12110	交通事故 122	森林火警 95119

项目 5-2　总机房主要服务

任务 5-2-1　电话转接服务

❖ **课程模块**

典型工作任务

❖ **学习目标**

通过本课程的学习，掌握电话转接服务的一般流程。

❖ **学习任务导图**

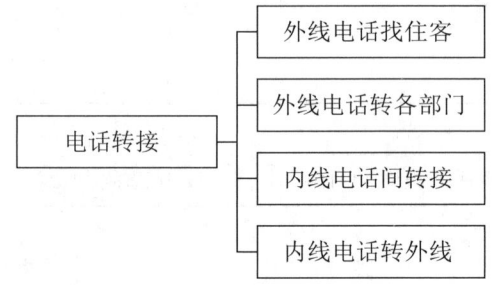

1. 外线电话找住客

（1）按外线键接听电话；
（2）礼貌地询问来电者关于住客信息，如住客的全名及房号；
（3）在 PMS 系统中核对住客资料；
（4）询问来电者的姓名或公司；
（5）征求住客意见，如"请问 ×× 先生电话要接听吗？"如接听，则将电话转接到房间；如住客不接听，则婉拒外线客人。

电话转接服务
案例分析

2. 外线电话转各部门

（1）当来电者报出所找的部门或分机时，请对方稍等，准确地将电话接入来电者想找的部门或分机。

（2）当来电者不清楚要找的部门或分机时，总机应询问对方："请问您有什么需要帮忙？"根据客人所提供的资料转入相应的部门，转电话之前应知会客人，如"请稍等，我帮您转接到××部门"。

（3）有客人要找的同事放假时，则应告知来电者，相关同事部门的上班时间。

（4）总经理的外线电话，一般由总办秘书代为接听。

（5）如有高层管理人员的来电，在将电话转相关部门前应告知："现在有××总经理电话。"

3. 内线电话间转接

（1）按内线键接听电话。

（2）听清楚对方的要求或要转的分机。

（3）准确地将电话接入对方想找的部门或分机。

4. 内线电话转外线

（1）询问对方的全名和职位。

（2）记录对方要转接的号码。

（3）准确快速地将电话转接出去。

（4）将相关员工转外线记录于"电话记录本"上。

任务 5-2-2　物品输送服务

❖ 课程模块

典型工作任务

❖ 学习目标

通过本课程的学习,掌握为住客输送物品的一般流程。

❖ 学习任务导图

一般服务流程

为住客输送物品的流程如下。
（1）礼貌地接听客人的电话。
（2）询问客人所需物品的种类、数量、规格等信息,并在纸上做好记录。
（3）根据做好的笔记在住客服务系统中新建任务,详细输入服务内容。
（4）关注任务完成情况,必要时督促相关岗位及时处理。

物品输送视频

任务 5-2-3　叫醒服务

❖ 课程模块

典型工作任务

❖ 学习目标

通过本课程的学习，了解为客人办理叫醒服务的一般流程。

❖ 学习任务导图

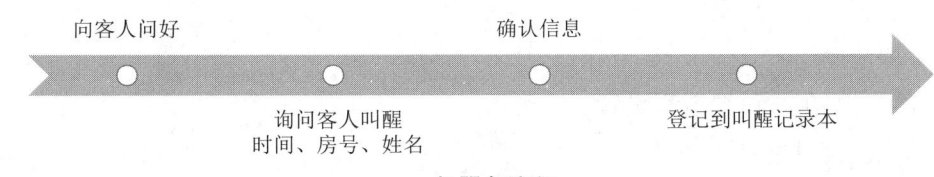

一般服务流程

1. 叫醒服务系统

（1）叫醒系统功能

酒店客房先进的语音系统可以提供电话语音留言服务和电话叫醒服务，叫醒服务一般有多条线路。

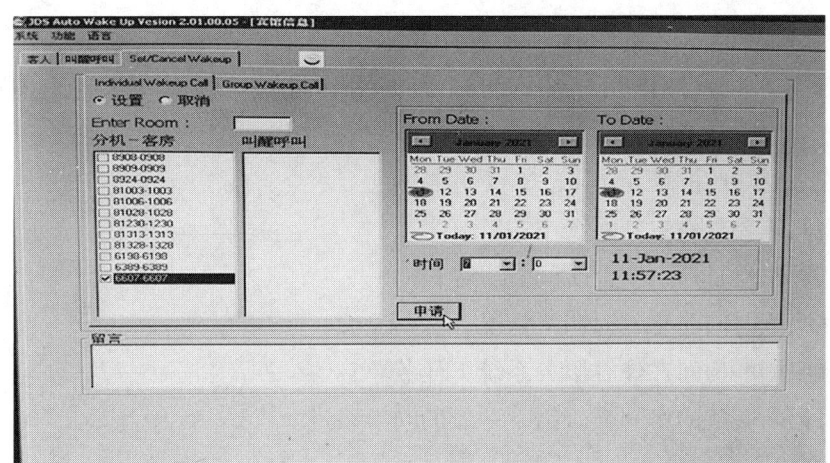

（2）主页面

可查看未叫醒的记录及已叫醒的历史记录。

（3）叫醒系统主界面

主界面分为两部分：

①等待叫醒的界面：此界面可查询到已设置，但未进行叫醒的房间号、叫醒日期及叫醒时间；

②叫醒历史的界面：此界面可查询到已叫醒的房间号、叫醒日期、叫醒时间及叫醒状态。

2. 叫醒服务操作标准

（1）设置操作

①设置时必须按设置流程设置；

②切忌设置时过快、急躁；

③设置完毕必须反复核对。

（2）取消操作

①设置时必须按设置流程设置；

②切忌设置时过快、急躁；

③设置完毕必须反复核对。

（3）检查叫醒状态

①熟知每种叫醒状态；

②根据情况及时查询；

③叫醒状态特殊的房间做好记录。

叫醒服务视频

3. 散客系统叫醒

（1）问清楚客人需要的叫醒时间："请问您需要几点的叫醒"；

（2）与客人重复叫醒时间、房号："您的叫醒时间是明天××点，您的房号是××"；

（3）记录到"叫醒记录本"；

（4）将叫醒要求设置到系统中；

（5）核对叫醒日期、叫醒时间、房号；

（6）在叫醒时间注意到时叫醒情况；

（7）未叫醒的房间在住客服务系统下任务单；

（8）将仍未叫醒的房间交班给下一班的同事跟进。

4. 散客人工叫醒

（1）将叫醒时间、房号记录到"叫醒记录本"上；

（2）在分机设置一个叫醒时间前 2 分钟的提醒；

（3）话务员准时进行人工叫醒："您好，××先生/小姐，现在是您的叫醒时间，现在是××点，祝您有愉快的一天"；

（4）若客人电话无人应答，在住客服务系统下任务单；

（5）将叫醒情况记录于交班本。

5. 团队客人人工叫醒

（1）团体叫醒由接待员负责处理；

（2）接到前台或客人的团队叫醒要求时，将叫醒要求等记录于团队一览表，特殊情况应详细写在交班本上；

（3）中班下班之前与团队接待核对所有团队叫醒；

（4）将所有团队的叫醒交班给总机的夜班同事设置到系统中；

（5）在叫醒时间注意叫醒情况；

（6）未叫醒的房间，在住客任务系统发任务单；

（7）将仍未叫醒的房间交班给下一班的同事处理。

叫醒服务案例分析

6. 团队客人系统叫醒

（1）将叫醒时间等记录到"团队一览表"上；

（2）在分机设置一个叫醒时间前 15 分钟的提醒；

（3）分机响后，话务员准备叫醒；

（4）将房号平均分配给当班同事；房间数量过多，会影响到叫醒效率时，应向大堂副理说明，请大堂副理抽调其他部门人手一起叫醒；

（5）话务员准时进行叫醒；

（6）无人应答的房间，在住客任务系统下任务单；

（7）将未被叫醒的情况记录在交班本上。

团队 Group							
序号	团名 Name	叫醒时间	跟进人 Con.Person	假房 PM Room	抵店日期 Arr.Date	离店日期 Dep.Date	房数 Rooms	迷你吧 Mini-Bar
1								
2								
3								
4								

任务 5-2-4　免打扰服务

❖ 课程模块

典型工作任务

❖ 学习目标

通过本课程的学习,掌握为客人办理免打扰的一般流程。

❖ 学习任务导图

核对客人信息　　　　在系统中设置　　　　通知相关部门

　　　　问清DND权限　　　　写在交班本上
　　　　和范围

一般服务流程

1. 客人免打扰服务的服务流程

（1）核对客人的姓名和房号;
（2）问清免打扰的期限和范围;
（3）在系统中设置 DND,将该房间电话线封闭;
（4）将该条信息记录到交班本上,并作为提醒写到白板上;
（5）通知接待处、服务中心、大堂副理及礼宾部。

免打扰服务案例分析

2. 电话免打扰服务操作标准

（1）问清 DND 期限、范围;
（2）及时设置到系统,并及时通知其他同事;
（3）在房间 DND 期间如有人找,视房间客人的要求,灵活应对外线客人;
（4）在客人免打扰期间遇来电,根据客人的要求婉拒来电;
（5）免打扰时间到了或客人提前通知取消,及时开启房间电话,并通知接待处、服务中心、大堂副理及礼宾部,取消白板上的记录。

任务 5-2-5　爱心房应急服务

❖ **课程模块**

典型工作任务

❖ **学习目标**

通过本课程的学习，掌握爱心房警铃响起时的一般处理程序。

根据《旅游饭店星级的划分与评定》(GB/T14308—2023)，星级饭店每100间客房应配备不低于1间残疾人爱心房。残疾人客房内设施应能满足残疾人生活起居的一般要求，且应在明显位置设置便于操作的呼叫按钮。

呼叫按钮的响应端以警铃的方式安装在总机房内或24小时有工作人员值班处（接待处），当客人按下呼叫按钮，警铃会随之响起。在日常工作中，总机话务员或者接待员应当随时关注警铃状态。当警铃响起时，应依据如下规范处理。

（1）听到警铃声，首先关闭警铃；

（2）致电残疾人房间，询问客人是否需要帮助；

（3）如需协助或房间电话无人接听时应立即通知大堂副理，大堂副理携带应急药箱，并通知相关部门（客房、保安、工程）到现场解决。

（4）如客人误按警铃，通知客房部将警铃复位即可。

 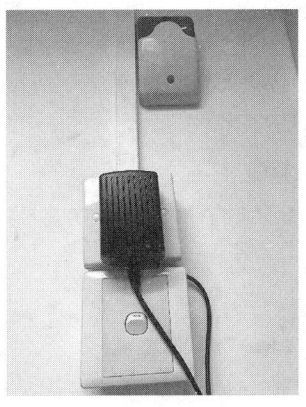

后置活页

★思政要点★

团队协作

　　团队协作是指多个人通过共同努力和协作来达成特定的目标和任务。这种合作方式不仅有助于提高工作效率，因为当每个人都专注于自己的角色和责任时，可以更有效地利用时间和资源，从而更快地完成任务。此外，团队成员可以互相学习和支持，使整个团队的技能水平得到提高。

　　酒店的各个岗位都有其具体的分工，虽然职能的不同把大家分割为各个部门，但在客人眼中酒店上下都是服务的提供者。酒店团队要立规则，并严格遵守；团队成员间要达到无障碍沟通渠道，团队领导要及时掌握每个成员的想法，善于引导其成员将个人追求与团队愿景紧密结合，达到目标一致；要尽量满足团队成员的合理要求，科学运用奖励方式，将有助于团队精神的增强，团队士气的提升。

课程模块小结

课后习题	案例分析	拓展知识
(二维码)	(二维码)	(二维码)

课后实操考核要点

1. 电话转接服务考核	4. 免打扰服务考核
2. 物品输送服务考核	5. 爱心房应急服务考核
3. 叫醒服务考核	

学习心得

模块六 商务中心

前置活页

适用职位	商务中心文员
内容属性	通用性知识与技能、个性化知识与技能
适用层次	中职学生、高职学生、本科学生
学习方式	课堂教学、校内实训、岗位实践
学习目标	1. 了解商务中心业务知识、工作职责与标准； 2. 掌握商务中心相关服务的一般流程。
评价方式	理论考核、实训考核
课程引入	
案例导入	

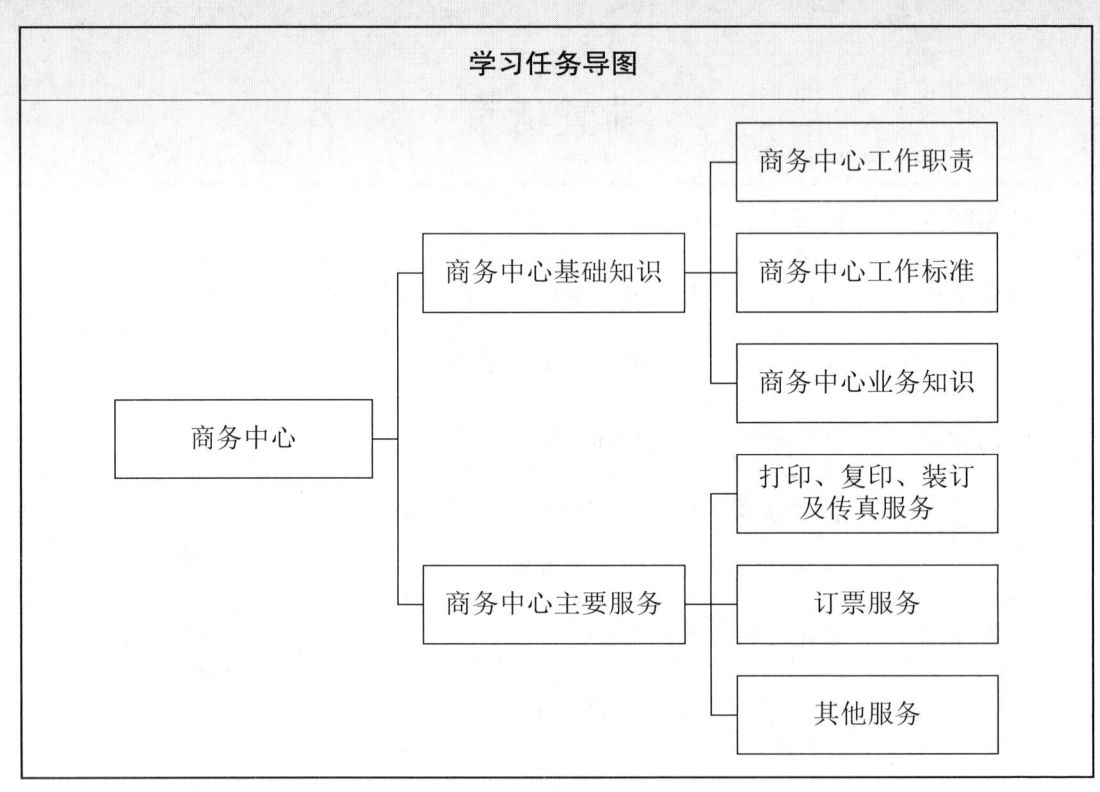

以善为人，以诚待人。

项目 6-1　商务中心基础知识

任务 6-1-1　商务中心工作职责

❖ 课程模块

部门基础知识

❖ 学习目标

通过本课程的学习，了解商务中心的部门职能和文员的岗位职责。

❖ 学习任务导图

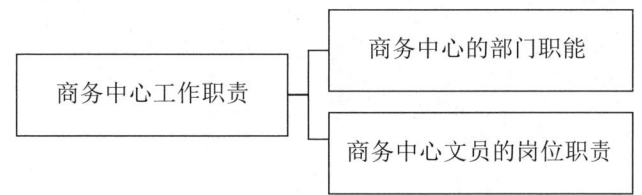

1. 商务中心的部门职能

商务中心可以为客人提供打印、复印、收发传真、电脑租借、代订票务、翻译等商务秘书服务，因此也被称为客人"办公室外的办公室"。

2. 商务中心文员的岗位职责

（1）熟练使用商务中心的各种设备，掌握当地通信、交通方面的知识；
（2）负责传送各种报表，整理报纸杂志，制作当班收入报表以及设备保养；
（3）为客人提供打字、复印、传真、拨打电话、上网服务；
（4）为客人联系并办理订购火车票和飞机票服务；
（5）为客人提供秘书服务；
（6）做好环境卫生和清洁工作，保养维护所有的机器和设备；

（7）按照对客服务标准对客人服务；
（8）推销酒店其他服务项目；
（9）制作商务中心营业收入日报表上交财务部；
（10）完成上级安排的其他工作。

任务 6-1-2 商务中心工作标准

❖ 课程模块

部门基础知识

❖ 学习目标

通过本课程的学习，了解商务中心的计费入账、设施设备和环境标准。

1. 计费入账标准

商务中心计费入账标准有以下六个方面：

（1）如果是住店客人消费，每一次开账单均需核对姓名及房号，包括客人签名、结账日期、入账金额和经手人签名等，避免入错账。

（2）确定每一笔账均由已登记过的酒店客人签字，将每一张账单仔细填写在记录本上。

（3）若客人付现金，每天收档时须将现金交给财务夜审。

（4）若客人当天要离店，则应尽快将其费用信息输入客人房账中。

（5）账单通常一式三联，将第二、三联撕下，第二联交总台收银员，第三联呈交客人（如果客人不要，立即用碎纸机销毁）。

（6）若客人要开发票，按实际金额与项目开具电子发票交给客人，第三联需同账单的第二联一起交给总台收银处。

2. 商务中心的设施设备标准

（1）资料装备。如字典、词典，商务刊物、报纸、图书，企业名录大全，以及电话号码本与地图册等。

（2）办公设备。一般有收发传真用的传真机，用于复印资料的复印机，用于打字和收发电子邮件的计算机（配备打印机），装订资料的装订机，可打国内国际长途电话的电话间，还应配备碎纸机办公柜台和一定数量的办公家具。

（3）会议服务设施设备。一般包括可供出租的洽谈室、会议室，专门用于会议服务的投影仪（电脑投影仪、实物投影仪、普通胶片投影仪）、幻灯机、录像机、播放设备等。

3. 商务中心环境标准

为便于客人从事商务活动，商务中心应有安静、隔音、舒适、优雅的环境。

（1）室内安静、无噪声，办公环境干净、整洁；

（2）室内灯光设计和采光效果符合各项商务活动的需要；

（3）室内环境布置、家具办公用品等的配置，应以方便使用为宗旨，兼顾审美情趣；功能区域划分合理，客人彼此间互不干扰，能有效保护客人隐私；

（4）室内通风，空气新鲜，温度适宜；能根据不同地区气候保持适当的湿度，使室内无静电；

（5）室内配有适当的绿色植物鲜花、饰品等装饰物，让客人能够在视觉上得到放松。

任务 6-1-3　商务中心业务知识

❖课程模块

部门基础知识

❖学习目标

通过本课程的学习，了解商务中心职能的发展趋势。

由于信息技术的飞速发展，客人使用自己的手机和手提电脑，在客房内也可以通过互联网直接订票，发送、接收电子邮件和传真，一些高档酒店还在其客房内配备了打印机、复印机和传真机。因而，客人对酒店商务中心的依赖程度将大大减少，使得商务中心的业务量减少。正如一些经营者自嘲式感叹："我们商务中心设备齐全，唯一缺少的就是顾客！"

酒店商务中心经营的重心和职能转换详见下文所述。

1. 从提供商务服务，转向提供商务设施出租

酒店虽为客人在客房内提供了电话、互联网接口等设施和设备，但不可能在所有的房间内提供所有商务设备。为了方便客人在房内办公，可以根据客人需要，向客人出租传真机、手提电脑、扫描仪等商务设备。

2. 服务内容发生变化

从以打电话等电信服务为主，转向以大批量制作名片、激光打印、四色打印、文本的高级装订及电脑技术服务为主。

3. 服务方式发生变化

从被动地在商务中心为客人提供服务，到主动为各类会议提供支持和帮助。为会议提供支持和帮助，是当今商务中心兴起的一个极为重要的新的服务领域。商务中心不能只是被动地等客上门，更要主动热情、全面地为在酒店里举办的各类会议提供技术服务和其他各种劳务，如文本的打印校对和复印等，当好主办单位的"秘书"。

项目 6-2 商务中心主要服务

任务 6-2-1 打印、复印、装订及传真服务

❖ 课程模块

典型工作任务

❖ 学习目标

通过本课程的学习，了解商务中心打印、复印、装订及传真服务的一般流程。

❖ 学习任务导图

一般服务流程

商务中心是酒店对客服务的一个综合性部门，它主要为客人提供收发传真、打印、复印、装订等服务项目。因为这些服务项目对于客人特别是商务客人来说具有重要的商业价值，所以无论客人需要哪项服务，我们都需要在服务过程中准确无误。这就要求服务人员在接受项目、提供服务、结算账单等过程中认真、负责、细心，严格按有关程序进行操作。

1. 打印服务

（1）根据客人的需求准确无误打印相对应的内容，有黑白/彩色打印，彩色相对较贵（打印之前务必与客人确认清楚）；

（2）连接相对应的打印机，点击电脑左上方键选择"打印"。

2. 复印服务

（1）了解客人的复印要求，如复印纸型规格、复印张数；

（2）将需复印的稿件放置复印机内，内容朝下，选择纸张类型，按下"复印"键；

（3）销毁不符合复印要求的复印件。

3. 装订服务

（1）拿到原稿后，先识别纸张规格；

（2）按要求将文件放在装订机上，按下打空卡打出孔洞；按要求选择装订封皮，并与需装订的文件码放在一起，按原件顺序装订；

（3）如果装订的文件比较厚，应分批进行，但要注意每批的打孔位置应一致。

打印、复印、装订及传真服务案例分析

4. 传真服务

（1）发送传真

①向客人了解发送传真的信息，如发送号码、发往地及发送页数和份数；

②在传真机上放好原稿、拨号、核对号码后发送；

③核对客人传真张数与实际张数是否符合，对不符合发送要求的原稿文件进行加工处理；

④客人的传真如发不出或收件人号码已更改时应及时告知客人。

（2）接收传真

①随时留意电脑或传真机收到传真的信号并检查打印状况；

②传真、电子邮件打印出来后进行整理，盖上流水号；

③认真核对，确定收件人。

任务 6-2-2　订票服务

❖ 课程模块

典型工作任务

❖ 学习目标

通过本课程的学习，掌握为客人办理交通票务的一般流程。

❖ 学习任务导图

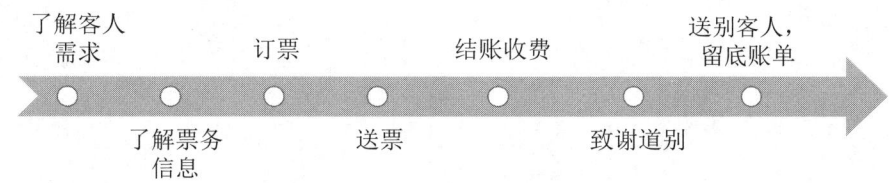

一般服务流程

订票服务，主要有两个方面：一指酒店为客人提供订购飞机票、火车票等服务；二指酒店为住客代购，为相关单位代卖演出门票、体育运动票券等。但随着现代信息科技的发展、电子商务的流行，目前订票服务趋势也在逐步发生改变，可以直接通过网络预订。常见网站有：携程网、去哪儿、铁路12306等。

订票服务视频

一般酒店只为住客提供交通票务委托代办服务。一般服务流程如下：

（1）主动迎接客人。

（2）了解订票信息。向客人了解并记录订购飞机票或火车票的日期、班次、张数、到达的目的地及座位要求。

（3）了解航班情况。向相关票务中心了解是否有客人需要的航班票；如没有则问清有没有可替换的航班，并向客人进行推荐。

订票服务案例分析

（4）订票。向客人介绍服务费收费标准、票价订金收取办法。当客人确定航班后，查阅客人证件的有效期，请客人在订票单上签字并收取订金，向客人说明最早的拿票时间。送走客人后，向相应票务中心订票。

（5）送票。拿到票务中心送来的飞机票（火车票）后，根据订票单上的房号或客人的通信地址通知客人取票，并提醒客人飞机起飞（火车开车）时间。对重要客人则由礼宾员送交。

订票服务拓展知识

（6）按规定办理结账手续。

（7）向客人致谢道别。

任务 6-2-3　其他服务

❖ 课程模块

典型工作任务

❖ 学习目标

通过本课程的学习，了解商务中心的翻译服务和会议室出租服务的一般流程及注意事项。

商务中心除了为客人提供收发传真、打印、复印、装订等主要服务项目外，还可以为客人提供相关其他服务，如翻译、会议室出租等服务。

1. 翻译服务

（1）询问客人需要哪种翻译（一般分为笔译和口译）；

（2）口译服务，酒店视情况给予提供，有些酒店没有合适的口译人才，必须跟相关的翻译公司联系。

2. 会议室出租服务

（1）了解相关服务信息。如会议室的时间，参加的人数、所需设备（如投影、白板等），以及所需的鲜花、水果、点心、茶水、文具等。

（2）会议期间提供茶水服务，每隔半小时为客人续一次茶。如果会议期间有不同批次的客人来访，必须增加或更换新的杯具。

（3）在客人散会时，应进入会场仔细检查，如发现宾客遗留的物品需立即设法追送或联系客人送还，迅速检查会议室内的设备设施情况。

（4）会议结束后，应马上打扫会议室，整理室内物品，恢复室内原样。

后置活页

★思政要点★

安全生产

党的十八大以来，以习近平同志为核心的党中央高度重视安全生产工作，习近平总书记多次发表重要讲话、作出重要指示批示，鲜明提出坚持人民至上、生命至上"两个至上"、统筹发展和安全"两件大事"、强化从根本上消除事故隐患、从根本上解决问题"两个根本"等一系列新理念新论断，系统科学回答了如何认识安全生产、如何做好安全生产等重大理论和现实问题，为我们做好新时代安全生产工作提供了根本遵循和行动指南。

酒店安全生产工作的首要任务就是树立安全意识。树立安全意识，最主要的一点就是严格执行安全操作规程。

课程模块小结		
课后习题	案例分析	拓展知识
(QR code)	(QR code)	(QR code)

课后实操考核要点
1. 打印、复印、装订及传真服务考核 2. 订票服务考核

学习心得

模块七 行政楼层

前置活页

适用职位	行政楼层接待员
内容属性	通用性知识与技能、个性化知识与技能
适用层次	中职学生、高职学生、本科学生
学习方式	课堂教学、校内实训、岗位实践
学习目标	1. 了解行政楼层业务知识、工作职责与标准； 2. 掌握行政楼层相关服务的一般流程。
评价方式	理论考核、实训考核
课程引入	
案例导入	

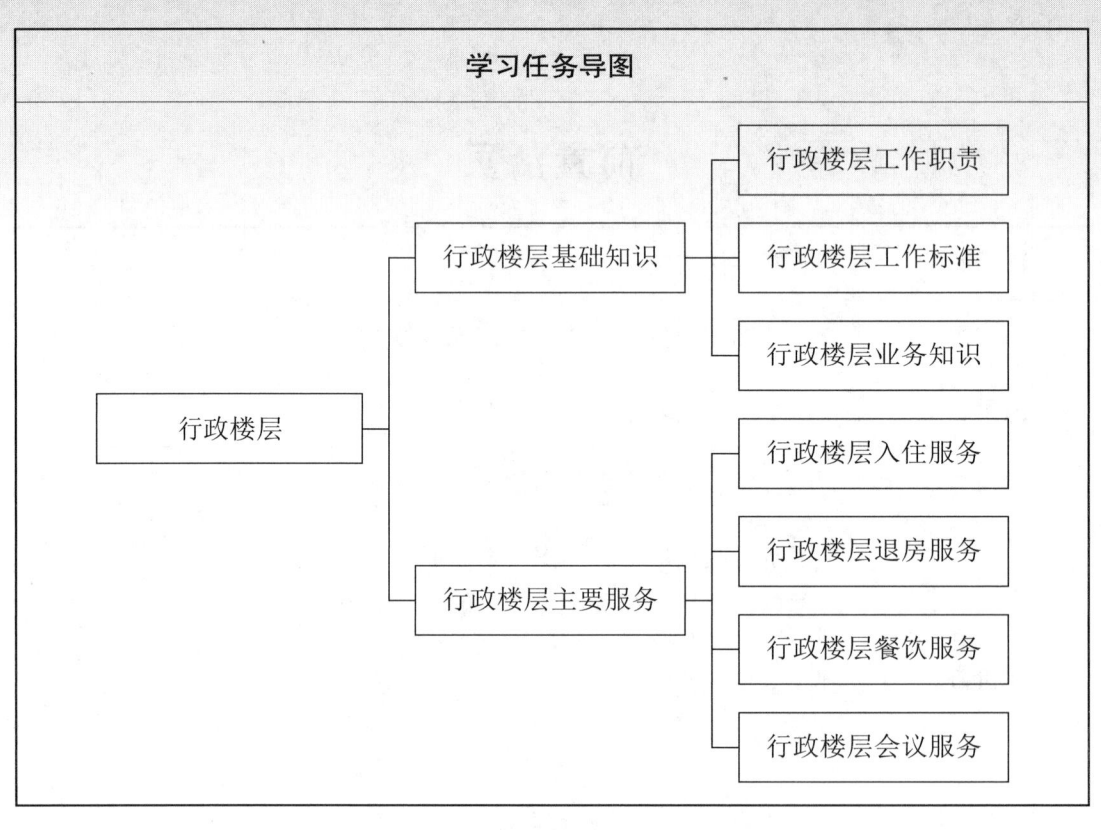

优秀的公司都是由永不停止思考与进步的人创立的。

——J. Willard Bill Marriott

项目 7-1　行政楼层基础知识

任务 7-1-1　行政楼层工作职责

❖ 课程模块

部门基础知识

❖ 学习目标

通过本课程的学习，了解行政楼层以及行政楼层接待员的岗位职责和各班次的工作内容。

❖ 学习任务导图

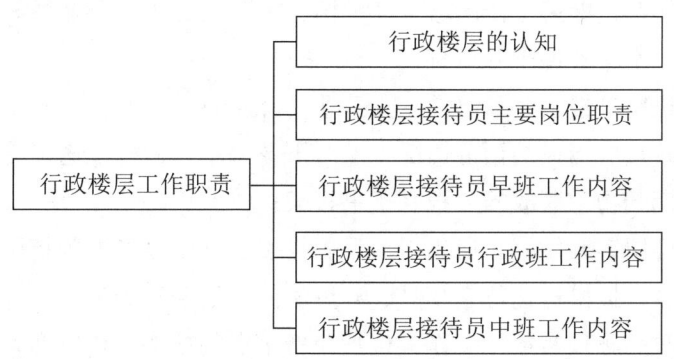

1. 行政楼层的认知

行政楼层也叫行政酒廊。被誉为"店中之店"的行政楼层，通常隶属于四星级以上酒店的前厅部。单独设有前厅会客室、咖啡室、报刊资料室、客人休息室等，为入住该楼层的客人提供从预订到抵店、入住离店等全方位服务，集

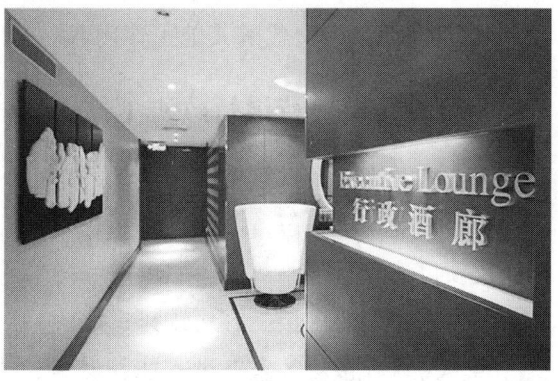

酒店的前厅登记结账、委托代办、管家、餐饮、商务服务功能于一身，为商务客人提供备受尊崇而又便捷的"一条龙"服务。

2. 行政楼层接待员主要岗位职责

（1）提供快捷、优质的入住、退房服务；

（2）控制客房状态，销售客房；

（3）提供专业的咨询、委托代办服务；

（4）提供专职管家服务；

（5）提供在行政楼层住店过程中的商务秘书服务；

（6）行政楼层免费茶点的接待和外来客人的正常消费接待；

（7）收集、掌握行政楼层客人的信息资料，提供个性化服务。

3. 行政楼层接待员早班工作内容

（1）检查仪容仪表，以最佳的工作状态上岗；

（2）检查工作台，保持工作区域干净整洁，为一天的正常营业做好准备工作；

（3）查看交班本，处理待办事宜；

（4）检查夜班所打报表，了解前一天营业情况及收入情况；

（5）了解行政楼层当天的预订情况，及时下花果单，做好配送鲜花水果的工作；

（6）更换过期刊物，摆放当天报刊于书报架；

（7）为行政楼层客人做好客房指引、早餐指引、下午茶指引等指引服务；

（8）为入住客人提供送达行李物品、开启房门、泡茶等服务；

（9）负责行政酒廊日常接待工作，包括免费茶点的接待和自费客人的接待；

（10）完成客人其他服务要求；

（11）完成上级交代的其他工作内容。

4. 行政楼层接待员行政班工作内容

（1）核对当天预抵订单是否与预订单上的预订内容相一致；

（2）了解当天房态，关注前一天售房情况，掌控当天预订情况，查看当天行政楼层在住及预订情况；

（3）按客人要求接受客房预订；

（4）为行政楼层客人办理入住和退房，并收集客人意见与客人需求；

（5）打印各类收银报表，清理现金和账单，填写明细账目；

（6）填写好当班交班本，做好交班准备。

5.行政楼层接待员中班工作内容

（1）检查仪容仪表，以最佳的工作状态上岗；

（2）做好工作交接，并仔细阅读交班本，处理待办事宜；

（3）随时了解当天房态，了解当天售房、在住及预订情况；

（4）填写晚间问候卡，检查账单袋并确定需要催账的客房；

（5）制作行政楼层住房报表和当天免费茶点报表；

（6）制作当天的营业报表和商务秘书服务报表；

（7）完成客人其他服务要求以及上级交代的其他工作内容；

（8）填写好当班交班本，收回阅览休息室及接待台上的书籍；

（9）下班时关闭所有电器电源，锁好贵重物品，将楼层灯光调整到节能状态。

任务 7-1-2　行政楼层工作标准

❖ 课程模块

部门基础知识

❖ 学习目标

通过本课程的学习，了解行政楼层的工作标准。

（1）准备工作
①提前锁定客房，保证房态完好；
②预登记工作细致到位；
③客房布置规范、有针对性。
（2）迎宾接待，了解核实预订情况
①迎宾服务规范、热情；
②预订资料查找、核对迅速而准确；
③了解住客需求，推荐到位、高效。
（3）办理入住登记手续
步骤准确，迅速快捷，细致到位。
（4）引领客人进入客房，介绍基本情况
①引领客人及时、规范；
②告诉客人如何使用钥匙，连同欢迎卡交给客人；
③介绍房内设施，预祝客人居住愉快；
④介绍行政（商务）楼层设施与服务项目细致灵活，针对性强；
⑤行李 10 分钟内送至客房。
（5）入住信息储存与传递
①资料输入准确、及时；
②服务需求信息传递及时、准确；
③登记单及账单存放规范；
④客史档案录入及时。

任务 7-1-3　行政楼层业务知识

❖ 课程模块

部门基础知识

❖ 学习目标

通过本课程的学习，了解入住登记有效证件和掌握行政楼层特殊情况的一般处理方法。

1. 入住登记常见有效证件

有效证件一般具有有效期未满、签证有效、盖有来华入境口岸的入境验讫章等特点。

中华人民共和国居民身份证、临时身份证、中国护照
外国人护照、外国人旅行证、外国人居留证
中国人民解放军、中国人民武装警察部队制发的军官证、警官证、文职干部证、士兵证等
港澳居民来往内地通行证、台湾居民来往大陆通行证
一次性住宿有效凭证

2. 行政楼层特殊情况处理

（1）公安机关通缉的人员要求入住

①接待人员发现后，应先稳住客人（按正常程序请客人到休息室入座并提供茶水），核实证件，保持警惕和冷静，尽量拖延时间；立即向当值主管汇报，由主管核实无误后立即通知大堂副理、保安部、客房部，做好严密监控。

②在为这类客人分房时，务必将客人分在在住客人较少的楼层，并靠近楼层服务台的房间。

③由大堂副理及保安部经理通知公安机关，由其接手处理；酒店做好协助工作。

（2）客人在办理入住时发现在机场错拿了行李

①安抚客人情绪，并告知客人酒店会帮助其处理；

②获取客人的护照或身份证，机票及行李信息（行李箱大小、颜色、品牌等）；
③填写委托代办单，并请客人签字确认；
④及时通知礼宾部帮客人去机场换取行李；
⑤及时告知客人处理的结果。

（3）办理入住时客人提出房价高于销售经理与他确认的价格
①查看相关预订信息，确认营销部是否有书面通知；若无，联系公关营销部；
②如果属实，请销售经理补发书面的价格更改通知，并立即向客人道歉；
③如果不是，请相关销售人员向客人解释说明；
④若联系不上销售人员，可建议客人先以高价格入住，并告知客人我们会与公关营销部联系，若情况属实则帮其更改房价；
⑤做好交班跟踪处理。

（4）客人来行政楼层用早餐可座位已全满
①首先向客人表示道歉，并安排客人坐下稍等；
②若客人不愿等待，可建议客人至酒店接待普通楼层客人的餐厅用餐；
③也可请客人点单，酒店免费将早餐送至客人的房间。

（5）有孩童在行政楼层内跑闹玩耍
①耐心礼貌地制止跑闹的孩童，避免摔倒受伤等情况发生。
②若制止无效，应将孩童带至家长身边，礼貌告知这样做会造成孩童的受伤同时也打扰到了其他客人，希望其看好自己的孩子并感谢客人的配合。

项目 7-2 行政楼层主要服务

任务 7-2-1 行政楼层入住服务

❖ 课程模块

典型工作任务

❖ 学习目标

通过本课程的学习，了解为行政楼层客人办理入住的一般流程。

❖ 学习任务导图

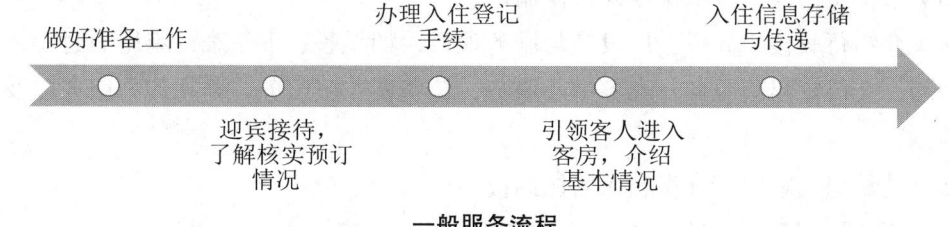

一般服务流程

1. 做好准备工作

（1）事先锁定为即将入住的宾客所准备的客房，客人抵达前 1 个小时，客房打扫完毕并且礼品已经摆放完好。

（2）做好预登记并准备好房卡，提前打印登记卡。

（3）将总经理的欢迎卡连同服务设施设备的介绍、报纸（中文/英文）一同放入客人的客房。

2. 迎宾接待，了解核实预订情况

（1）站立微笑迎宾，礼貌称呼，请客人就座，奉上欢迎茶；

（2）询问客人有无预订，查找相关预订资料；

（3）核对变更预订信息；

（4）如无预订，了解客人住店需求，主动为客人推荐房型，合理安排客房。

3. 办理入住登记手续

（1）将已准备好的入住登记表取出，请客人签名确认；注意检查并确认客人证件、付款方式、离店日期与时间等内容；

（2）请客人出示证件，核对证件是否与持证人相符及是否在有效期内；

（3）扫描证件，双手归还并表示感谢；

（4）迅速确定房号，并在电脑上办理入住手续；

（5）询问客人付款方式并收取押金；

（6）将已备好的欢迎信或印有客人姓名的私人信封交给客人；

（7）了解特殊要求，尽量予以满足。

4. 引领客人进入客房，介绍基本情况

（1）走在客人左前方或右前方约两三步处引领客人进客房；

（2）介绍或示范钥匙卡使用方法，连同欢迎卡交给客人；

（3）介绍房内设施，预祝客人居住愉快；

（4）介绍行政楼（商务）层设施与服务项目，如早餐、下午茶及鸡尾酒时间，图书报刊赠阅，会议室租用服务，商务中心服务，免费熨衣服务，委托代办服务以及擦鞋服务等；

（5）礼貌退出客房，并祝客人居住愉快；

（6）通知礼宾部礼宾员，10分钟内将行李送至客房。

5. 入住信息储存与传递

（1）将客人资料准确输入电脑，并复查；

（2）将客人的服务需求信息通知相关部门，并做好记录；

（3）按房号将登记单及客人账单放入文件夹内；

（4）建立、录入、补充客史档案。

行政楼层入住服务
案例分析

任务 7-2-2　行政楼层退房服务

❖ 课程模块

典型工作任务

❖ 学习目标

通过本课程的学习，掌握为行政楼层客人办理退房的一般流程。

❖ 学习任务导图

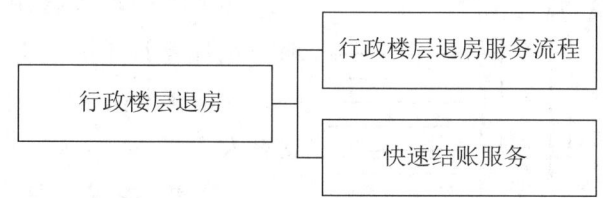

1. 行政楼层退房服务流程

（1）根据预离客名单确认客人离店时间，确认是否需要行李员服务。

（2）如客人需要行李员服务，及时通知相关部门，并向客人推荐送机服务。

（3）准备好正确、详细的账单，为客人结账，并请客人签名。

（4）询问客人对行政楼层服务的意见或请客人填写"宾客意见表"。

（5）向客人致谢道别。

2. 快速结账服务

行政楼层的客人大多享受快速结账离店服务，可直接在客房内

行政楼层退房服务
案例分析

办理结账手续。

　　快速结账服务流程如下。

（1）提前1天向客人确认结账日期与时间；

（2）提前了解客人结账地点、付款方式（如付外币现金，请客人提前兑换外币）、行李数量、是否需要代订交通工具，及时检查客房内酒水使用、长途话费等情况；

（3）预先打印客人账单明细，放进信封提前交给客人审核；

（4）通知行李员取行李，代订出租车或酒店用车；

（5）客人结账时，请客人在账单上签字，将第一联呈交给客人；

（6）收取客人费用，如使用信用卡结账，须注意该卡是否超限额、印迹是否清晰，并请客人在账单上签字，将其中一联呈交客人；

（7）感谢客人入住并与客人道别，至行政楼层电梯处礼送客人。

宾客意见表

尊敬的宾客：

　　您好！为了提高酒店的管理和服务质量，为阁下提供更舒适安全的下榻环境，我们诚挚地盼望阁下能赐予更多的宝贵意见，您的每一项建议都将成为我们努力的方向！

姓名：　　　　房号：　　　　日期：

联系电话：

1、您对本酒店的整体评价　☆☆☆☆☆

	优	良	中	差	
前厅	□	□	□	□	_____
房间	□	□	□	□	_____
西餐	□	□	□	□	_____
中餐	□	□	□	□	_____
康体	□	□	□	□	_____
KTV	□	□	□	□	_____

2、您对本人的服务评价　☆☆☆☆☆

	优	良	中	差	
微笑	□	□	□	□	_____
效率	□	□	□	□	_____
礼貌	□	□	□	□	_____
语言	□	□	□	□	_____
仪态	□	□	□	□	_____
着装	□	□	□	□	_____

3、其他附加建议：

_____

任务 7-2-3 行政楼层餐饮服务

❖课程模块

典型工作任务

❖学习目标

通过本课程的学习，了解行政楼层餐饮服务的一般流程。

❖学习任务导图

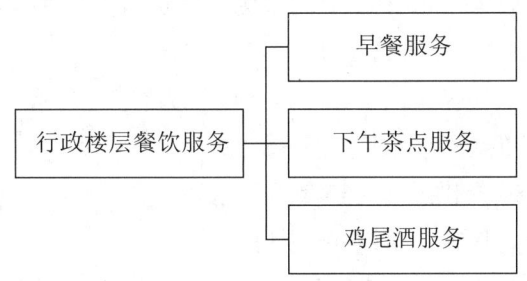

1. 早餐服务

（1）开餐前 10 分钟配合餐饮部专职人员做好准备工作：自助餐台摆设、餐桌摆台、运送食品、更换报纸杂志、调好电视频道、在每张餐桌上放置接待员名片等。

（2）依据住店客人名单确认用餐客人姓名与人数。

（3）礼貌称呼客人姓氏并问好，引领客人至餐桌前，为客人拉椅让座。

（4）将口布打开递给客人，礼貌询问客人是用茶还是咖啡。

（5）及时撤换客人用过的餐具，随时保持自助餐台整齐。

（6）客人用完餐离开时，应礼貌称呼客人姓氏并欢迎下次再来。

（7）统计早餐用餐人数，做好收尾工作。

2. 下午茶点服务

行政酒廊下午茶时间一般为 14：30~17：00。在下午茶时间内咖啡、小吃及时供应，品种定期更换。茶点由厨房于 13：00 前送至行政酒廊，17：00 后收走。

（1）提前 10 分钟按要求准备好下午茶台，包括茶、饮料和小点心等。

（2）主动微笑招呼客人，引领客人入座并为客人拉座，礼貌地询问其房号。

（3）随时留意客人台面的食物是否需要添加或更换，及时收走台面脏的杯碟和物品，保持桌面的干净。

（4）注意观察，当客人杯中饮料剩 1/3 时，应主动询问并及时斟满。

（5）在下午茶结束前 5 分钟，通知客人免费服务即将结束。

（6）客人离开时应向其表示感谢，并与客人道别。

（7）填写记录表，若客人消费超过了免费时间将费用记在客人账户上。

（8）将客人在用餐过程中或用餐后所提出的建议或意见及时反馈给厨房。

（9）及时与出品部沟通食品运送的情况，及时做好食品成本控制工作。

3. 鸡尾酒服务

行政楼层通常在每天 18：30~19：30 时段为住客提供免费鸡尾酒服务。

（1）提前 10 分钟做好各项准备工作。

（2）微笑、礼貌地招呼客人，引领客人入座，为客人拉座。

（3）及时记录每台所点酒水名称、数量。

（4）提醒客人 19：30 提供最后一道免费酒水。

（5）客人离开时应向其表示感谢并道别。

（6）非住客的消费账单记入住客账目中或由客人支付。

（7）在盘点表统计、记录酒水消耗数量，根据标准库存填写申领单。

任务 7-2-4　行政楼层会议服务

❖课程模块

典型工作任务

❖学习目标

通过本课程的学习，了解行政楼层会议服务的一般流程。

❖学习任务导图

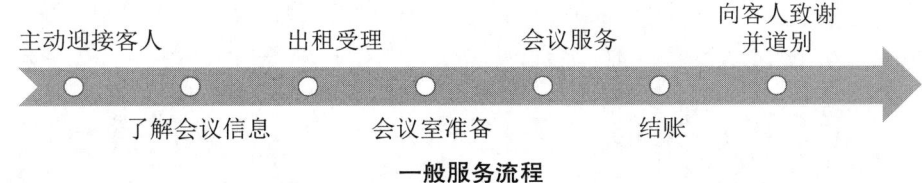

一般服务流程

1. 会议服务流程

（1）主动迎接客人。

（2）了解会议需要的相关业务。向客人详细了解会议室使用的时间、参加会议的人数、服务要求（如座席卡、热毛巾、鲜花、水果、点心、茶水、文具等）、设备要求（如投影仪、白板等）等信息。

（3）出租受理。主动向客人介绍会议室的出租收费标准。当客人确定租用后，按规定办理预订手续。

（4）会议室准备。提前半小时按客人要求准备好会议室，包括安排好座席、准备好文具用品、茶水及点心等，检查会议设施、设备是否正常。

（5）会议服务。当客人到来时，主动引领客人进入洽谈室，请客人入座；按上茶服务程序为客人上茶；会议中每隔半小时为客人续一次茶。如客人在会议中提出其他商务服务要求，应尽量满足。

（6）结账。会议结束，礼貌地送走与会客人，然后按规定请会议负责人办理结账手续。

（7）向客人致谢并道别。

2. 注意事项

（1）应询问客人是否需租借其他设施设备，并告知客人相应的费用；

（2）应提前半个小时准备会议所需的设备和物品，检查卫生，确保干净；

（3）会议结束后应尽快打扫会议室；

（4）未经前厅部经理允许，禁止酒店员工或内部人员使用行政楼层会议室。

后置活页

★思政要点★
精益求精
"择一事终一生"的执着专注,"干一行钻一行"的精益求精,"偏毫厘不敢安"的一丝不苟,"千万锤成一器"的卓越追求……无论从事什么劳动,都要以勤学长知识、以苦练精技术、以创新求突破,努力成为知识型、技能型、创新型劳动者。三百六十行,行行出状元。一切劳动者,只要肯学肯干肯钻研,练就一身真本领,掌握一手好技术,就能立足岗位成长成才,就都能在劳动中发现广阔的天地,在劳动中体现价值、展现风采、感受快乐。

课程模块小结		
课后习题	案例分析	拓展知识

学习心得

模块八 大堂副理

前置活页

适用职位	大堂副理
内容属性	通用性知识与技能、个性化知识与技能
适用层次	中职学生、高职学生、本科学生
学习方式	课堂教学、校内实训、岗位实践
学习目标	1. 了解大堂副理业务知识、工作职责与标准； 2. 掌握大堂副理相关服务的一般流程。
评价方式	理论考核、实训考核
课程引入	
案例导入	

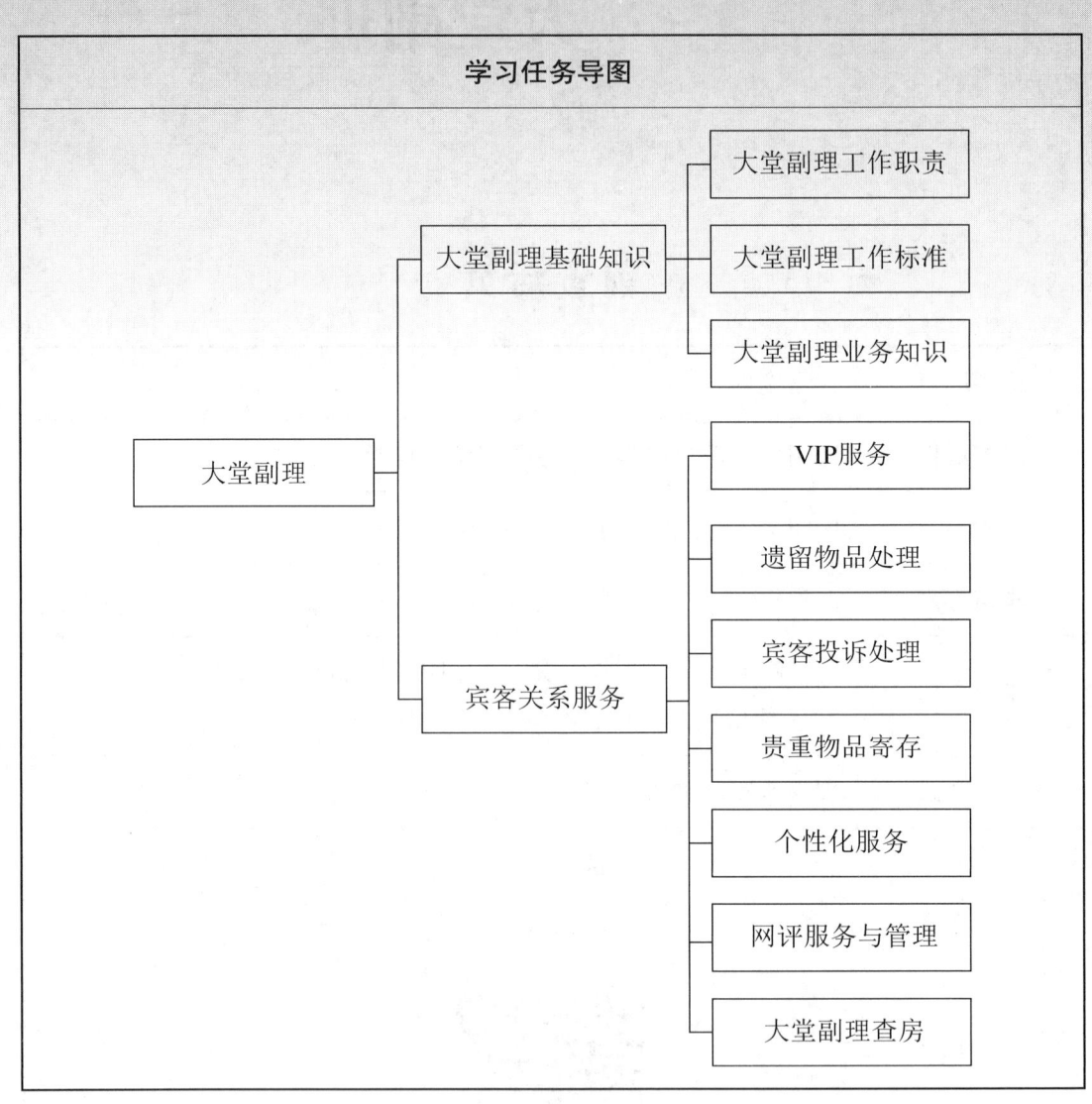

用心服务，用情服务，用智服务。

项目 8-1 大堂副理基础知识

任务 8-1-1 大堂副理工作职责

❖ 课程模块

部门基础知识

❖ 学习目标

通过本课程的学习，了解大堂副理的地位与作用、工作职责和各班次工作流程。

❖ 学习任务导图

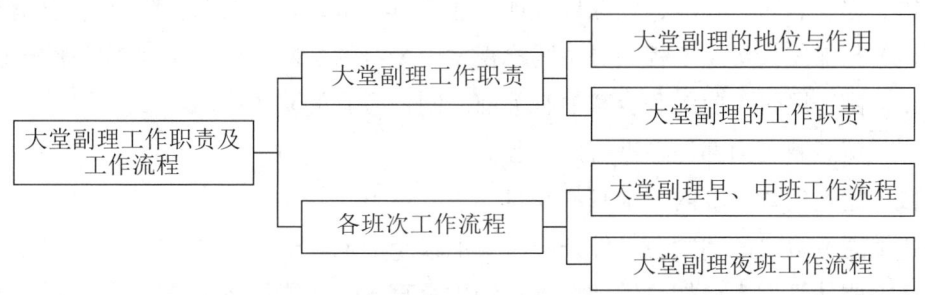

1. 大堂副理的地位与作用

大堂副理负责处理日常宾客的投诉和意见，平衡协调酒店各部门与客人的关系，解决客人的疑难问题，及时将客人意见、服务质量方面的问题向上级汇报，并提出改进意见。除了在酒店大堂内协助客人解决特殊问题外，在发生紧急事件时，大堂副理有权直接指挥事件所涉及的有关部门及人员。

当客人与店方发生纠纷时，大堂副理扮演一个仲裁者的角色；当客人与店外的联系发生困难时，大堂副理扮演的是一个传递者的角色；在客人自身遇到困难时，大堂副理扮演一个帮助者的角色；在酒店内部各个部门之间发生冲突时，大堂副理扮演一个协调者的角色。从目前酒店业对大堂副理的定义来看，大堂副理是受总经理委托并代替总经理处理客人对酒店一切设备、设施、人员、服务等方面的投诉，监督各部门的运作，协调各部门的关系，保证酒店以正常的秩序向顾客提供优质服务的酒店中级管理人员。

2. 大堂副理的工作职责

（1）代表酒店迎、送 VIP 客人，处理主要事件及记录特别贵宾的有关事项。

（2）处理关于客人结账时的问题及其他询问。

（3）处理门锁系统出现的问题并做好相关记录。

（4）处理客人投诉，解决问题。

（5）贵重物品遗失及寻获的处理。

（6）向管理层反映有关员工表现、客人意见。

（7）参与接待工作，了解当天及以后的房间走势。

（8）追收在住客人所欠的账目。

（9）与客人谈话时推广酒店设施。

（10）替客人安排医护或送院事宜。

（11）检查房间是否达到标准。

（12）处理客房部报房表上与接待处有出入的差异房。

（13）巡查酒店内外部，以保证各项功能运行正常，以及及时排除可防范的弊端。

（14）与保安人员及工程人员一同检视发出警报的房间、区域（如烟感警报等）。

（15）刮台风时（前）联合其他有关部门制订应有的防风措施。

（16）留意酒店内部正在进行的工程。

（17）检查大堂范围内需维修的项目。

（18）遇危险事故和紧急事件务必及时汇报至值班经理或总值。

（19）服从管理人员如总经理、副总经理及直属上司指派的工作。

（20）熟知酒店各类产品（主要是客房和餐饮）的详细内容，包括价格体系、近期或已经实施的优惠、折扣、打包套餐等。

3. 大堂副理早、中班工作流程

（1）签到、交接"万能钥匙"，并在交班本上签名。

（2）通知总机员工值班。

（3）与上一班大堂副理交班并阅读交班本。

（4）检查前厅各分部员工到岗情况及仪容仪表。

（5）查看电脑、阅读报表，熟悉以下内容。

①前天房收情况；

②当天预抵及预离客人数、房间数；

③ VIP 客人到达时间、接待人员、贵宾馈赠单、宴请、用车、行程、房间安排等；

④当日预抵团队情况，房间分配、钥匙制作、特别安排及需要的落实；

⑤了解酒店大型活动或其他宴会情况（注意欢迎牌与指示牌的摆放）；

⑥检查旗帜的情况；

⑦酒店政策、施工安排。

（6）跟查完成上一班未完成的工作。

（7）检查酒店外围区域卫生，确保大堂在任何时候都能保持整洁及主要门口畅通。

①云石地面保持干净、整洁；

②保证所有烟盅及云石烟灰桶干净；

③酒店玻璃门要保持干净、一尘不染；

④指导门童和保安人员指挥交通及保证车道的畅通；

⑤如遇风雨天，监督礼宾部做好客用雨伞的收借准备工作。

（8）控制、管理在大堂内流动的客人，特别是早团的离店、节假日来参观照相的客人及他们所带的小孩。

（9）争取机会同客人沟通，征询客人对酒店的意见并将之反映酒店管理层及相关部门。

（10）在结账高峰期帮助前台结账及其他接待、问询工作。

（11）参加部门工作会。

（12）检查收餐情况。

（13）定时巡查大堂与公共区域的卫生、设施设备等，并详细记录；若发现有损坏的设施设备，应立即下工程维修单或联系、知会有关部门处理。

（14）根据各部详细提供的 VIP 客人姓名、身份与准确的到达、离店时间等资料，在 VIP 到达前 1 小时完成检查 VIP 房的准备工作。

（15）代表酒店在大堂门口迎接 VIP，将客人带上房间，协助 VIP 办理登记手续，并随时关注 VIP 的需求。

（16）催预离：13：00 督促应离未离客人的催离单派发情况，16：00 前尽量处理好此类房间。

（17）不定时巡查前厅各分部工作情况及酒店各营业场所的经营情况，不少于两次检查前厅各分部对客离店的工作情况，督促其询问住客在店感受及服务质量等。

（18）随时准备处理客人的投诉和职责范围内发生的事情。

（19）任何的事件、事故、偷盗、投诉都要详细记录并呈报酒店管理层。

（20）接收客人遗留物品，填写"客人遗留物品登记表"，并知会有关部门；交回客人托交的物品时，要求客人填写签收表一份。

（21）处理酒店及大堂副理与客人的有关来往信件。

（22）协助前厅经理处理其他日常事务。

（23）将一周内具有参考价值的内容编成周报，并附上大堂副理的分析意见和建议交总经理。

（24）与下一班大堂副理交班。

4. 大堂副理夜班工作流程

（1）签到、交接"万能钥匙"，并在交班本上签名。

（2）通知总机员工晚上值班，确定办公电话等使用正常。

（3）与中班大堂副理交班并阅读大堂副理交班本。

（4）检查礼宾部员工到岗情况及仪容仪表，关注客人订车情况。

（5）阅读报表，熟悉以下内容：

①前天房收情况；

②是否有预离客人，询问具体原因；

③当日到达团队数量；

④有无团队或 VIP 未到达。

（6）如前台客人较多，帮助夜班员工对客服务。

（7）查看预订未到客人，如有水果或其他酒店提供的礼品，通知客房部撤出。

（8）督促团队叫醒、早餐、行李、离店时间已确认，已送至其他相关部门签收。

（9）督促前台夜班账务、登记单输入情况（包括接待系统、公安系统与门卡系统），并做好记录。

（10）当日使用完后的文件和报表存档。

（11）检查礼宾员是否按时将各项报表送至总经理办公室。

（12）每晚至少二次巡视全酒店及附近地区，密切注意安全事故隐患，发现问题及时处理，做好记录，及时向有关管理人员报告。

（13）协助有关部门经理检查各部门（前台、财务、保安、客房、管家、餐饮、工程、汽车等）人员夜班工作情况。

（14）完成一系列报告报表，如"大堂副理值班报告""大堂副理查房记录表""前台当天订房入住报告""营业统计报告"等。

（15）检查餐厅员工是否到岗，早餐是否摆出。

（16）任何的事件、事故、偷盗、投诉都要详细记录并呈报酒店管理层。

（17）协助前厅经理处理其他日常事务。

（18）帮助前台夜班安排早到的客人登记或较早离店客人结账工作。

（19）做好每日部门加班、补休及考勤。

（20）每周编写大堂副理周报。

（21）与早班大堂副理交班。

任务 8-1-2　大堂副理工作标准

❖ 课程模块

部门基础知识

❖ 学习目标

通过本课程的学习，了解大堂副理的工作标准。

1. 工作台物品摆放标准

台面物品主要有电脑类、"大堂副理"牌、电话、台灯、写字垫、鲜花等。将电脑摆放至远离客人的一侧，电话、"大堂副理"牌和台灯放在桌子左上角处，写字垫摆在桌面靠近大堂副理工作位置一侧中间，鲜花应摆在桌面右上角。桌面应保持整洁。

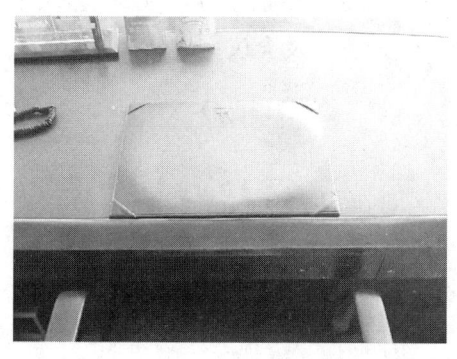
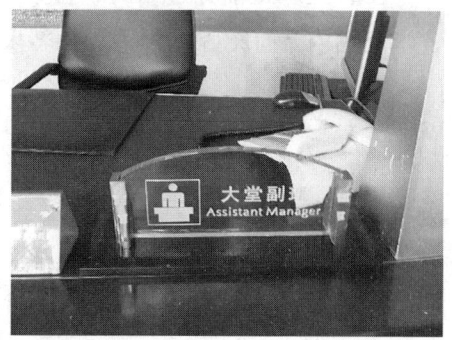

2. 大堂副理物品的存放标准

文具、钥匙、常用票据、常用工作记录本、常用对客单据等物品，分类后分别放置工作桌不同抽屉中。宾客意见收集手册、重要的工作资料整理好后，放至办公室的柜子里。

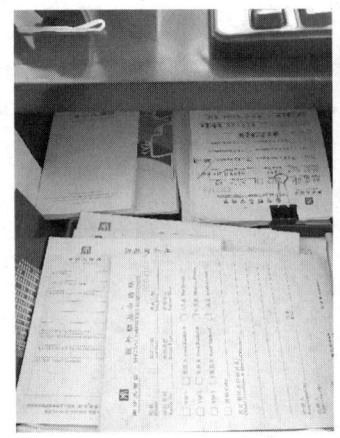

3. 公共区域指引动作标准

在客人从正前方过来时，客人在七米范围内要进行目光交流，五米范围内要微笑，三米范围内要打招呼；用手势将客人指导到相应的餐厅及会议室方向。

任务 8-1-3　大堂副理业务知识

❖ 课程模块

部门基础知识

❖ 学习目标

通过本课程的学习，了解对客服务技巧和对客沟通技巧。

1. 对客服务技巧

（1）善于理解客人、体谅客人，多从顾客的角度来考虑问题。

（2）善于预见和掌握客人光顾酒店的动机和需要，善于体察他们的情绪及获得服务后的反应，并善于采取针对性服务。

（3）以真诚的态度和热情的服务使客人感到你确实是在关心他，为他着想，愿意理解他的观点，满足他的要求。

（4）对客服务要言行一致，重视对顾客的承诺，不但要说得好，而且要做得好，行动胜过千言万语。

（5）对客一视同仁，不以衣饰、肤色、国籍等取人，平等对待。

（6）重视第一印象。如果第一印象好，即使客人以后碰到酒店工作中难免出现的疏忽过错时，他也会愿意原谅；反之，第一印象差，以后有问题再补救就困难了。

2. 对客沟通技巧

（1）姓名：记住客人的姓名并以客人的姓氏去适当地称呼客人，可以创造一种融洽的顾客关系；对客人来说，当员工能认出他时，他会感到自豪。

（2）词语选择：以恰当的词语与客人搭话、交谈、服务、道别，可以使客人感到与服务员的关系不仅仅是一种简单的商品买卖关系，而且是一种有人情味的服务与被服务的关系。

（3）语调、语音：语气、语调、声音是讲话内容的"弦外之音"。它们往往比说话的内容更重要，顾客可以从这些方面判断你说话的内容背后的东西，是欢迎还是厌烦，是尊重还是无礼。

（4）面部表情：面部表情是服务内心情感的流露，即使不用语言说出来，表情仍然会告诉客人，你的服务态度是怎样的。

（5）目光接触：眼睛是心灵的窗户。当你的目光与客人不期而遇时，不要回避，也不要盯着客人，要通过适当的接触向客人表明你服务的诚意。

（6）站立姿势：现在酒店前台部门各岗位多实行站立服务。站立姿势可以反映出对客人是苛刻、厌烦、淡漠还是关心、专注、欢迎等各种不同态度。见到客人时应站好，切忌背对着客人。

（7）聆听：听与讲是我们对客服务中与客人沟通的一个方面，注意聆听可以显示出对客人的尊重，同时有助于我们多了解客人，更好地服务。

（8）友谊：酒店是客人的家外之家，员工是酒店的主人，如果主人的表情冷冰冰，客人做客还有什么意思呢？当然，良好的顾客关系，不是过分的亲热，更不是私情和亲昵。

3. 客房门锁指示灯各种闪烁说明

一般情况下，客房门锁指示灯不同的组合表示门锁的不同状态。

现　象	说　明
绿灯亮	合法卡，可开门
绿灯、红灯互闪	门锁弱电
绿灯、红灯同时闪	门反锁
红灯亮（插卡后马上亮）	非授权卡（卡已过期）
红灯亮（3秒后），无法开门	该卡非本系统发出，无法读取信息
绿灯闪	门锁处常开模式
绿灯闪后红灯闪	门锁常开模式转为正常模式
红灯闪后绿灯亮	解封门锁

4. 门锁处理器的使用

门锁处理器是一部与房卡系统匹配的机器，可以帮助大堂副理检验客房门锁状态、同步系统与门锁芯片的信息、在门锁弱电时强制开锁、读取客人进门信息和更新门锁数据。

当门锁弱电（无法感应房卡，客房门锁无法打开）时，大堂副理需用门锁处理器在前台处导入房卡系统信息，将感应器插入门锁，强制开门。

如遇客房失窃，大堂副理可利用门锁处理器的 CHECK & EVENTS（开锁记录）功能查询门锁数据，协助找回失窃物品。

如门锁芯片信息过载导致无法感应房卡，大堂副理在核对住客信息后可利用门锁处理器的 DATE 或 PROG（数据或重装）功能更新芯片数据，解禁门锁。

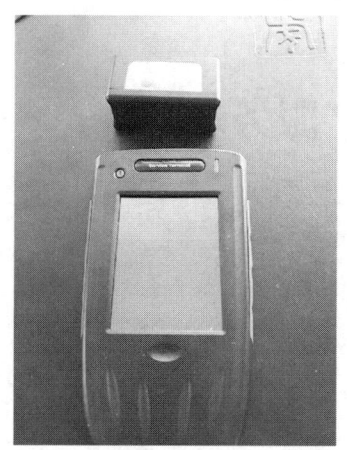 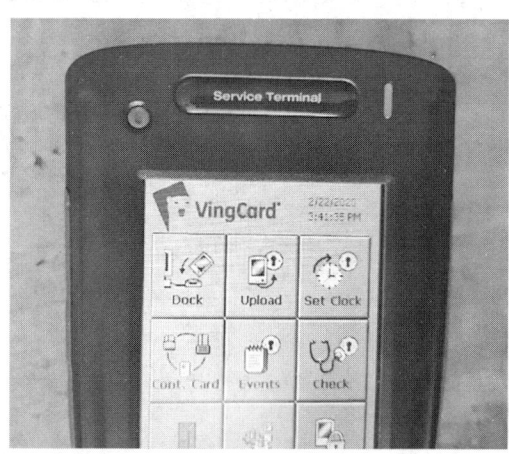

项目 8-2　宾客关系服务

任务 8-2-1　VIP 服务

❖ 课程模块

典型工作任务

❖ 学习目标

通过本课程的学习，了解 VIP 入住及退房的一般流程。

1. VIP 入住服务

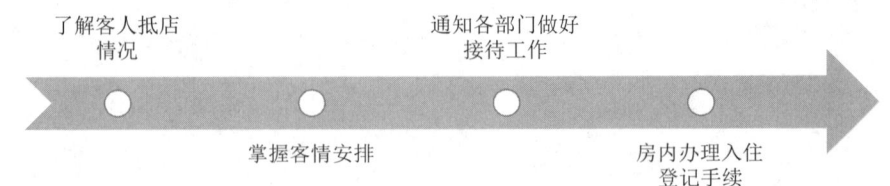

（1）了解客人抵店情况

准确掌握 VIP 情况及相关客史档案，包括国别、地区、所代表的机构或组织及其业务范围和发展态势，来访的人数、姓名、性别、身份职务、民族、宗教信仰、生活习俗，以及来访者抵达和离开的具体时间及交通工具等情况。

（2）掌握客情安排

① VIP 接待服务规格规范、到位、精准，接待人员的选定合理，针对性强。

②客房部房间布置与检查及时、严格、规范。检查项目含房间家具、电器、卫生设备、客用品布置等情况，确保 VIP 客房处于最佳状况。详细核对为贵宾打印的欢迎函、贵宾的姓名、中英文排写有无疏漏、错误等。

③其他准备工作跟进全面、到位。协调办公室/车队、餐饮、康乐工程、保安等部门，根据 VIP 的喜好、禁忌等情况，落实部门对接待服务人员的动员和培训工作。协助检查调试好相关设备，进行必要的物品准备。

（3）通知各部门做好接待工作

①入住登记文件夹准备齐全、规范。

② VIP 抵达前 1 小时，需检查大厅欢迎（指示）牌、各营业部门的准备情况及公共区域的卫生状况。检查客房、试用房卡，检查鲜花水果和欢迎信的派送情况，检查酒店总经理及相关领导的名片是否到位等。督促接待人员（餐饮部指派的迎宾小姐）半小时前到位，提请酒店总经理及相关领导提前 10 分钟到位，确保一切接待工作准确无误。

③设置迎宾员，欢迎问候。根据接待重要客人的规格和接待要求，在酒店大门口设置迎宾员、行李员，或安排 2~8 名礼仪人员在酒店大厅或门口等候。迎宾员按先主宾后随员、先女宾后男宾的顺序，用准确的客人职务或客人姓名来称呼和迎接客人。

④列队欢迎。重要 VIP 需要组织列队欢迎。可以按酒店高层领导、部门经理、部门员工代表的次序排列。所有人员服装要整齐，精神要饱满，客人到达时要鼓掌，在 VIP 及随同人员没有全部进店前不得解散队伍。

（4）房内办理入住登记手续

①使用专用电梯引领 VIP 进入客房动作规范，有礼貌。

②介绍情况。进房后替客人将外套挂好。将鲜花插好。将行李放在行李架上，清点准确。向 VIP 介绍客房及酒店内设施、设备的使用情况，相关场所的营业时间和项目，酒店周边地理环境等。

③送迎宾茶。VIP 进入房间后 10 分钟左右（客人简单洗漱、化妆、更衣后），应及时送迎宾茶水或根据时令和客人的习惯送上其他饮料以及香巾。如 VIP 有访客，应视需要及时补充和添加茶水、凉开水或饮料等。

④快捷高效地在客房内办理入住登记。

• 境外客人要填写客人的姓名、国籍、性别、出生年月、住址、证件种类及号码、签发机关与有效日期等；

• 国内客人要填写客人的姓名、性别、年龄、工作单位、住址、身份证或护照号码等。

⑤填写清楚后，请客人在入住登记表及欢迎卡上签名，并询问是否有贵重物品需要寄存或使用保险箱，再把房间钥匙和欢迎卡交给客人。

⑥礼貌地和客人交换名片，预祝客人在店期间开心愉快。

⑦征求 VIP 意见，随时提供特殊周到的服务。礼貌退出房间，祝对方居住愉快。

⑧把填写好的入住登记表交前台接待处主管，把所有收到的客人名片保留存档，以建立客人的入住历史资料。

（5）VIP 住店期间的注意事项

①了解 VIP 居住情况，及时反馈。当值大堂值班经理每日至少一次打电话问候 VIP 或其随行人员，详细了解对方在店的居住情况，征询意见及建议，迅速反馈给相关领导

和部门予以解决。

②了解VIP陪同人员的联系方式，热情礼貌、准确有效答复VIP提出的问题。注意活动日程的变更，随时配合他们的工作。

③熟记VIP住店期间的全部活动日程，随时注意VIP动向，及时将信息反馈给酒店的最高管理层，督导相关部门提前2小时以上做好接待服务准备工作。

④认真细致、及时准确地为VIP办好委托代办的事项，如洗衣、房间用餐、访客接待和其他委托代办的事务。

2. VIP退房服务

（1）做好准备工作

①通过VIP住店状态表，了解预离VIP的姓名和房号；

②依据电脑记录的当天VIP离店时间，通知前台收银处准备账单；

③通知礼宾部主管注意VIP需要提取行李的时间；

④特殊要求的处理，如是否需要为VIP控制一部专用电梯等。

（2）欢送客人

①按VIP的实际情况通知有关人员欢送；

②若是国宾，则需与外事办、政府接待处联系；

③大堂经理负责引导VIP步出酒店并欢送其离店。

（3）资料存档

①销售部、公关部做好资料、图片存档工作；

②征求接待单位对酒店的意见；

③协助订房部建立、更改VIP客人的档案，准确记录客人的姓名、职务、入店时间、离店时间、首次或多次住店、特殊要求等情况，作为以后订房和服务的参考资料。

（4）总结经验

①接待VIP后，召开有关部门总结会，表扬优质服务部门及个人，找出不足，总结经验；

②对于有新闻价值的团队接待，公关部拟写消息发表。

VIP服务案例分析

任务 8-2-2　遗留物品处理

❖ 课程模块

典型工作任务

❖ 学习目标

通过本课程的学习，了解处理客人遗留物品的一般流程。

❖ 学习任务导图

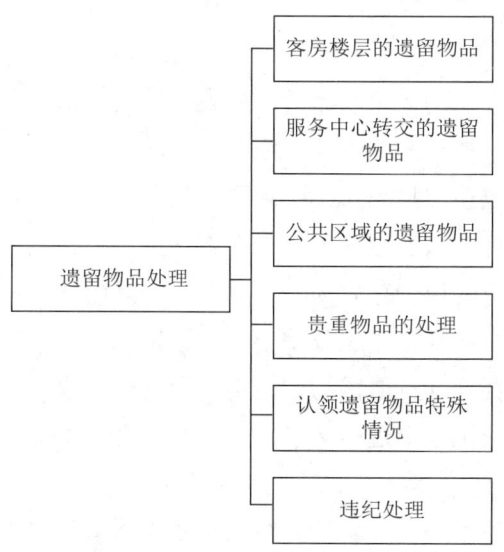

宾客在酒店入住消费或游玩的过程当中，由于各种原因会在客房或其他区域遗留下一些物品。为提升客户对酒店的服务体验，发扬酒店员工拾金不昧的精神，对以下情况的操作流程进行规范。

1. 客房楼层的遗留物品

拾：

（1）楼层服务员查房发现房间有遗留物品时，应立即电话联系前台，告知物品详细信息，同时将情况报服务中心进行登记。

（2）前台接到信息后，如客人仍在前台，接待员应立即告知客人，并当面与客人确认处理方式。

（3）如客人表示物品不需要时，接待员应将情况告知服务中心，由中心文员通知楼层服务员进行处理。

（4）如客人已离开前台，应在电话中告知楼层服务员，遗留物品存放在客房部服务中心。

（5）若遗留的物品属贵重物品且客人已离开，前台收到楼层电话后应立即通知大堂副理。

领：

（1）如客人表示物品需要时，由接待员安排礼宾员上楼层取遗留物品给客人；如无礼宾员在岗，则由楼层服务员直接送到前台。

（2）礼宾员完成物品交接后必须在登记本上进行记录，并通知客房服务中心。

2. 服务中心转交的遗留物品

拾：

（1）服务中心收到楼层的遗留物品后，应致电前台获取客人联系方式，并主动与客人联系，确认处理方式。

（2）服务中心在接收遗留物品时，必须要将拾获人、拾获地点、拾获时间、客人信息、物品信息、已知的客人联系方式等记录在客房部"遗留物登记本"上，并对物品进行清点、分类，且按相应的柜子存放物品（湿的棉织品由洗涤部处理后再打包保存）。

（3）如客人回店领取或邮寄，服务中心应在遗留物品上挂标签，需填写物品单并转交给礼宾部跟进，并在客房部"遗留物登记本"上进行签收。

（4）礼宾部必须在登记本上进行记录，并存放于礼宾部短期寄存架的指定位置，等待客人到店领取或邮寄。

（5）贵重物品由服务中心登记后转交给大堂副理保管与跟进。

（6）无法联系客人的遗留物品继续存放在客房部服务中心，按照相关的规定时间处理。

（7）未经许可，无关人员不得擅自查阅遗留物登记资料及处理遗留物品。

领：

（1）失主到礼宾部认领物品时，必须与客人核实物品的相关信息。

（2）确实无误后，才能交至客人，并让客人在登记表上签字。

（3）如果物品为钱包、手机、电脑等贵重物品，礼宾部应通知当值大堂副理跟进。

（4）邮寄的遗留物品必须要将快递单号记录在登记表的处理结果一栏。

（5）如超过约定的时间仍未领取，礼宾部必须主动联系客人，确认处理方式；如超过 7 天无人认领，则交还到客房部服务中心。

3. 公共区域的遗留物品（大堂或各部门拾获）

拾：

（1）各部门营业场所拾获客人遗留物品，应及时转交至礼宾部。

（2）礼宾部在接收时必须要将拾获人、拾获地点、拾获时间、物品信息记录在登记表上。

（3）在遗留物上挂相应的标签，注明相关信息。

（4）存放于礼宾部短期寄存架的指定位置。

（5）如果遗留物品为钱包、手机、电脑等贵重物品，应马上通知当值大堂副理继续跟进。

遗留物品处理
案例分析

领：

（1）失主到礼宾部认领物品时，必须与客人核实物品的相关信息。

（2）确实无误后，才能交至客人，并让客人在登记表上签字。

（3）如果物品为钱包、手机、电脑等贵重物品，礼宾部应通知当值大堂副理跟进。

（4）如超过 7 天无人认领，则转交到客房部服务中心。

4. 贵重物品的处理

拾：

（1）大堂副理收到客房或公共区域交来的贵重物品时，必须与保安部主管、当事部门主管、拾获者共同进行清点检查，做好记录且三方签名确认，并妥善保管。

（2）大堂副理到前台获取客人联系方式，并主动与客人联系，确认处理方式。

（3）在交班本与贵重物品登记表中进行记录。

（4）将情况记录到大堂副理日报上。

领：

（1）失主到大堂认领物品时，务必要与客人核实物品的相关信息。

（2）填写签收单，记录客人身份信息和联系电话，客人签收后存档。

遗留物品处理
拓展知识

（3）将处理结果记录在交班本上和贵重物品登记表里。

（4）做好统计，在每月初做成好人好事文件，发给人力资源部进行表彰。

（5）如无法联系客人且超过 3 个月，打专项处理报告请示酒店管理层。

提示：

下列物品视为贵重物品：

珠宝首饰；

手机、相机、录像机、iPad、手表、电器等；

钱包、所有外国货币、人民币现金、信用卡或支票；

工作证、证明、身份证、回乡证、护照等物件，价值超过100元人民币的物品；

易燃、易爆物品及枪支等（如发现此类遗留物品应立即报告客房部经理转交保安部处理）。

下列物品视为一般物品：

眼镜，钥匙；

日常用品；

价值100元人民币以下的物品；

已开启的食物、饮料及药物。

5. 认领遗留物品特殊情况

除了上面提到的客人到店认领遗留物的方式外，还会出现以下情况：

（1）下次入住时认领

客房服务中心经查证住客的身份和遗留物登记本的记录相符合，与客人联系，客人明确说下次住店再认领情况，由客房服务中心人员负责按照客人所提供的时间要求，把遗留物品送至客人房间，面交客人时要逐项清点，让客人在"遗留物登记本"上签名确认。

（2）通过电话回来认领

①总机接到客人寻找遗留物品时，应询问客人丢失地点。如在房间内丢失，则转到客房服务中心；如在大堂、餐厅等其他区域丢失，则转到礼宾部。

②凡客人通过电话回来认领的物品，如查登记本所记录的确实和客人所述相符，应立即回电将结果告诉客人，并征询客人的处理意见。如客人要求寄回，则费用由客人自付；如到店认领的，则按照上方的处理方式跟进即可。

（3）通过亲属、朋友或委托他人来认领

凡通过他人来认领时，须问清楚客人姓名、遗失物品的详细特征、数量、遗失地点、遗失时间以及失主的联系方式，所有资料相符时才可将物品交给来人，并需要来人签名代收。

（4）其他特殊情况处理

①如客人通过各种形式认领物品，但酒店方经过核查没有发现该物品时，须给客人一个明确的答复；

②如客人报失物品，而又匆忙离店时，可要求客人先留下联系方式，待查清楚后再明确答复客人；

③如员工不慎把物品丢失事后找回，而客人要求寄回时，费用由当事人付并接受行政处罚；如员工不小心把客人物品丢失而无法找回，客人要求索赔时，则应根据具体情况，由客房部及大堂副理针对客人提出的要求进行沟通协调，当事人作出经济和行政处罚。

6. 违纪处理

凡是因隐瞒不报客人遗留物品及占为私有而造成不良影响的人员，除了追回私占物品外，要酌情给予严肃的行政处罚或开除。

任务 8-2-3　宾客投诉处理

❖ 课程模块

典型工作任务

❖ 学习目标

通过本课程的学习，了解应对宾客投诉的相关知识。

❖ 学习任务导图

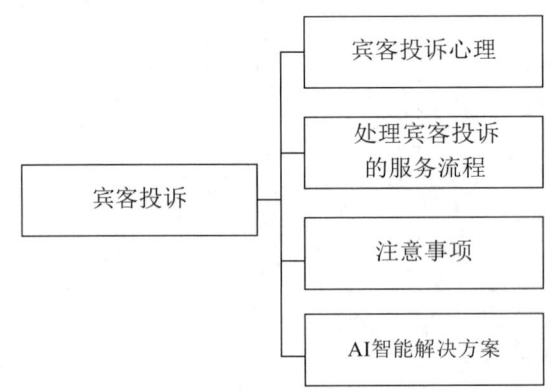

1. 宾客投诉心理

（1）求发泄的心理；

（2）求尊重的心理；

（3）求补偿的心理。

2. 处理宾客投诉的服务流程

（1）耐心聆听、了解情况、安抚客人情绪

①保持礼貌、真诚、友善的态度。请客人移步至不引人注意的一角，对情绪激动或身体不适的客人，奉上茶水或其他不含酒精的饮料。

②耐心、诚恳地聆听客人的投诉，不打断或反驳客人，适时表达歉意。

③站在客人的立场看待问题，设法平息其抱怨情绪，用恰当表情和动作表达对客人遭遇的同情和理解。

④及时做好记录（时间、地点、涉及部门及服务人员、事件经过、客人联系方式、客人的诉求等）。保持头脑冷静，在未查明事件原因及经过的情况下，不可随便代表酒店承担责任和作出承诺，待弄清事情原委后再作出判断。

（2）调查处理，及时反馈

①尊重客人，选择合适的处理问题的方案和补救措施。如事件复杂，将处理问题所需要的时间告诉客人，及时反馈处理进度；如事件紧急，应当着客人的面与相关部门联系或随宾客赴事发地点处理问题。

②调查真相弄清原因，分清责任。

③迅速采取行动。如能当场解决，应果断处理，回复客人处理结果；如超出自己的处理职权，须及时向上级汇报，请示处理方式，提出处理意见；如处理过程出现耽搁或意外，应及时告诉客人。

④处理投诉应顾及客人与酒店双方利益，发生多方利益冲突时，以保护客人利益优先为原则。

（3）检查落实、整理归纳

①保持与客人的联系，特别是有相关部门参与问题解决时，应检查和落实投诉是否圆满解决，并向客人致谢。

②以口头或书面形式向上级及时汇报，说明时间、地点、人物、投诉原因、处理结果以及客人最后的意见等。

③整理存档。如实记录并建立宾客投诉档案。把事件经过及处理文字材料，整理汇总成案例分析集，存档备查。

④改进工作，避免类似投诉再次发生。通过班前例会、集体培训、投诉案例研讨等形式对员工进行培训警示。

3. 注意事项

（1）接到投诉，保持冷静。如在公共场所，顾客情绪激动，首先要使其平静下来，并带离公共场合以免影响其他客人。

（2）重视并认真倾听客人的投诉，做好记录；了解整个事件的过程，同时向有关人员了解事情的细节，分析产生投诉的原因。

宾客投诉处理
案例分析

（3）虚心听取客人的意见。如果客人的投诉是正确的，应立即道歉，并采取措施，妥善处理。如果客人的投诉是因为酒店的服务质量问题，大堂副理必须诚恳地向客人道歉；可能的话，给予客人适当的补偿；如果是因为客人不清楚酒店的规定造成了误会，应向客人解释清楚，直至客人满意为止。

（4）如一时解决不了，应留下客人的姓名、联系电话，待事情解决后给客人一个回复；如解决不了也给客人一个回复，说明原因，询问客人是否需要其他协助。

（5）相信客人的投诉是对酒店抱希望才提出的，要以积极的态度对待之，使其转化为对服务工作的有力促进；即使个别客人极尽挑剔，也应尽力满足其要求。

（6）在处理整个投诉过程中都应保持礼貌、友善和谅解的态度，事后采取有力措施防止类似问题再发生。

（7）如果客人有刁难的性质，大堂副理须保持清醒的头脑，在客人面前保持低姿态，学会处理麻烦的技巧。

4. AI 智能解决方案

随着近些年移动互联网与 AI 智能的发展，目前市场上已出现一些优秀的 OMS（操作管理系统）公司，并根据酒店各部门岗位操作流程研发出针对性较强的软件与 APP，通过以下三方面着手解决问题，降低客诉，提升客户体验，帮助酒店运营，并在实际应用中取得了很好的效果。

（1）住前风险预防

通过大堂副理、客房主管、质检经理等多岗位对公共区域、房间卫生及设施设备进行检查，通过 OMS 系统及时报修和处理，形成整体数据，提前采取管理措施，解决问题，降低投诉风险。

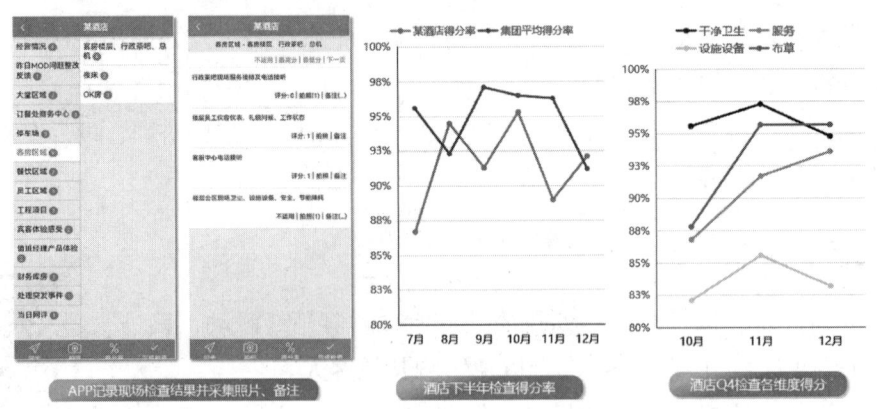

（2）住中风险干预

① OMS 工单实时监控工单流中服务超时、催服务、住中报修等客人体验关键指标，识别潜在风险。

② 住中小程序及时反馈在住客人对服务、清洁及其他服务或产品的不满和吐槽。

③ AI 电话同步识别客人电话沟通中透露的负面情绪，全流程闭环管理确保预警信息层层上报，管理员在线操作，工单直达执行层，避免人为疏漏，实现对潜在风险进行及时跟进干预与解决。

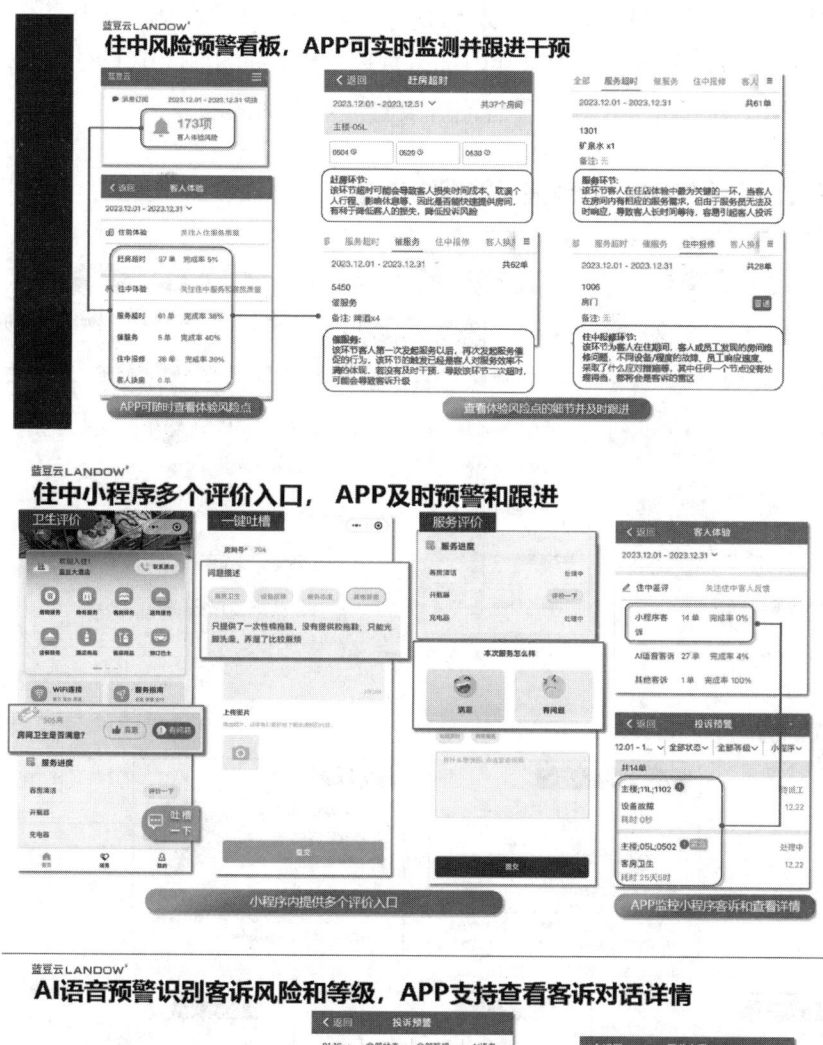

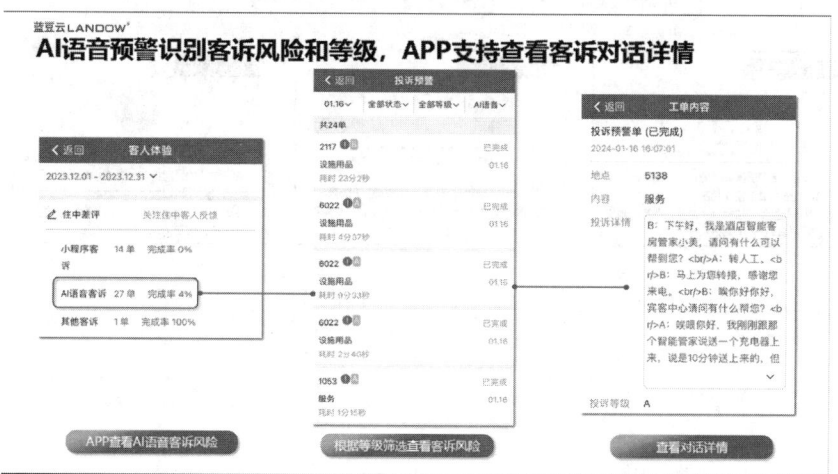

（3）住后多维评估

①健全的酒店管理指标体系为酒店提供多角度分析维度，数据异常时可实现内外数据比对。

②对OTA点评数据及内容分析，发现客人体验失败的产品及服务内容。

③OMS运营数据分析，发现异常内部运营环节存在的漏洞和风险。

④集团质检结果分析，发现不符合品牌及管理规范的问题。

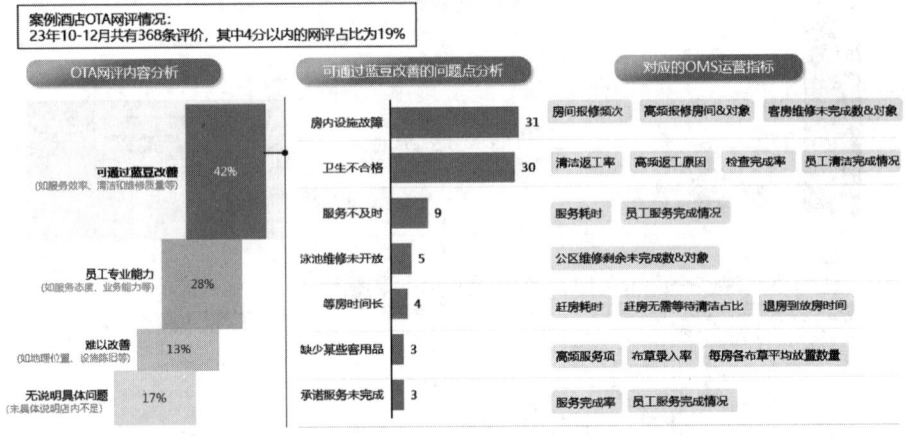

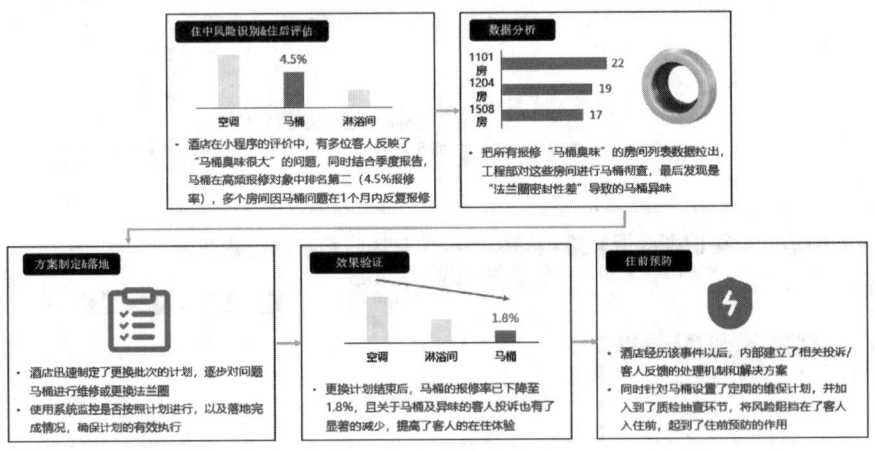

任务 8-2-4　贵重物品寄存

❖ 课程模块

典型工作任务

❖ 学习目标

通过本课程的学习，掌握为客人办理贵重物品寄存的一般流程。

❖ 学习任务导图

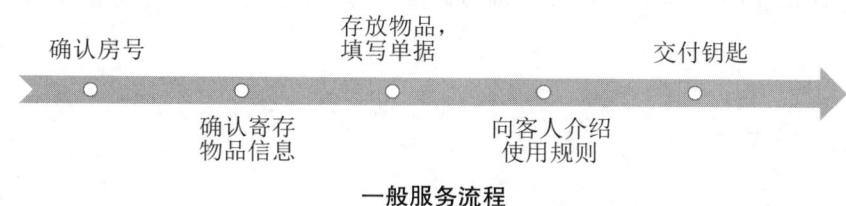

一般服务流程

1. 贵重物品寄存流程

（1）询问客人房号，请客人出示房卡并与电脑确认，核对签名；

（2）与客人确认所放置物品的内容、大小、数量；

（3）向客人正确指引客用保险箱的方位，并提前为客人打开门，避免其等候；

保险箱的使用视频

（4）将相应保险箱打开，将保险箱放在柜台上供客人使用；

（5）正确填写"保险箱使用登记卡"，正面"客人资料及使用须知"、反面"开启记录"，向客人介绍其使用规定及注意事项，将客人钥匙交予客人；

（6）如退箱需待客人将箱内物品取出后再检查一遍，双方确认后做好记录，签名确认并收回钥匙。

2. 受理原则

（1）仅为住店客人免费提供保险箱，店外客人需总经理同意；

（2）需客人出示相应房卡，核对签名及电脑资料；

（3）房间已退，客人要使用保险箱时必须经过接待经理签字确认，否则不予办理；

（4）住店客人租用保险箱时，必须以前台登记房号、姓名为准，真实填写"客用保险箱登记卡"；

（5）住店客人的朋友以其名义要求租用或开启保险箱时，原则上不予办理；

（6）除前厅经理或大堂副理工作需要外，其他部门要求租用保险箱时，需有前厅经理签字担保，否则不予办理。

3. 注意事项

（1）客房有独立的保险箱，尽量劝说客人将贵重物品存放于房间内保险箱；

（2）退箱时需请客人核对物品；

（3）若客人将钥匙遗失需赔偿（以广州南沙大酒店为例，客人遗失钥匙需赔偿 1000 元），并请工程部将保险箱打开。

贵重物品寄存
拓展知识

任务 8-2-5 个性化服务

❖ **课程模块**

典型工作任务

❖ **学习目标**

通过本课程的学习,掌握为客人送出生日祝福的一般流程,以及客人携带宠物的服务流程。

1. 生日祝福的服务流程

(1)客人入住酒店期间刚好过生日,可免费获得生日蛋糕一个;

(2)填写"额外赠品申请单",交礼宾部派送至送餐部,并准备好酒店特有生日贺卡,且附上当值大堂副理名片;

(3)大堂副理将生日蛋糕订单准备好,送餐饮部,并准备好酒店特制生日贺卡,呈送总经理签名;

(4)待送餐部将生日蛋糕及餐车准备好后,由大堂副理致电客人房间,如客人在房间,则先祝福客人,并立即陪同客房部及送餐部服务员一起将生日蛋糕及贺卡送至客人房间;

(5)如客人不在房间,则 20:00 将贺卡及当值大堂副理名片摆放在房间写字台上,并随时留意客人回房动向,以便将生日蛋糕送至客人房间及祝福客人(生日蛋糕放置两小时以上将逐渐融化);

(6)送蛋糕的最晚时间为 22:30,超过此时间原则上不便再打扰客人。

2. 客人携带宠物的服务流程

> 《中国旅游饭店行业规范》
> （中国旅游饭店协会 2009 年 8 月修订版）
>
> 第八条　以下情况饭店可以不予接待：
> （一）携带危害饭店安全的物品进店者；
> （二）从事违法活动者；
> （三）影响饭店形象者（如携带动物者）；
> （四）无支付能力或有逃账记录者；
> （五）饭店客满；
> （六）法律、法规规定的其他情况。

（1）门童、礼宾员发现客人带宠物进店需礼貌拒绝。

（2）如果客人执意带宠物进店，门童可转大堂副理处理。

任务 8-2-6　网评服务与管理

❖ 课程模块

典型工作任务

❖ 学习目标

通过本课程的学习，能够熟练掌握 OTA 客户的服务流程和网评管理制度。

❖ 学习任务导图

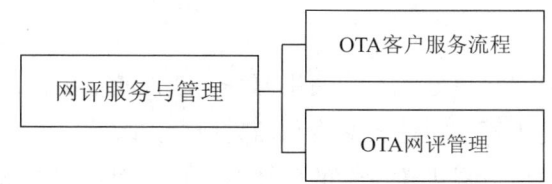

1. OTA 客户服务流程

（1）预订组将 OTA 平台上的订单接收并填写好订房表，确认无误将信息录入系统，随后将当日订房表交与前台接待处。

（2）前台根据宾客入住日期拨打 OTA 平台上的虚拟号码，与客人取得联系，询问客人大概抵达的时间及住店信息。

（3）前台在系统内提前安排房间，根据宾客的人数、房间数及喜好等做好安排。

（4）大堂副理提前做好房间卫生的检查，确保房间干净、舒适、整洁。

（5）宾客到店办理入住，以快速、高效的标准办理。

（6）礼宾同事带宾客上房间，如有行李则由礼宾同事负责行李服务。

（7）住店期间，随时留意宾客需求，如房间小整、加床、物品输送等。

（8）退房时，以高效率办理系统退房并询问宾客入住体验与感受。

（9）赠送酒店纪念品，并礼貌道别。

2.OTA 网评管理

（1）网评回复的重要性。

网评回复的重要性体现在以下几个方面。

①可以传递信息，让其他人了解酒店的观点和立场。通过回复，酒店可以直接回应他人的评论，表达酒店的想法，解释误解，阐述观点，或提供更多的信息来支持酒店的论点。

②可以增强与客户的互动，可以与 OTA 客户进行交流和对话。不仅能够增加酒店与客户之间的联系、默契和黏合度，还能够促进各方的思考和理解。

③可以塑造酒店形象，表现出酒店对事务的负责和专业程度。

④可以维护公平和讨论，对于一些有争议的话题，不同的观点可能都存在。通过回复，可以对其他人的观点质疑或辩驳，促进公正的辩论和思想交流。

⑤可以提高网友体验，当他们发表自己的观点时，得到回复会给予他们被重视和关注的感觉。

（2）网评要求。

①文明礼貌：回复要尊重他人，不使用侮辱、歧视或攻击性语言。

②尊重隐私：回复中不涉及他人的隐私信息或个人攻击。

③反馈建议：回复可以提供建设性的反馈或意见，而不仅仅是批评或抱怨。

④注重解答问题：确保回复能够针对提出的问题或观点进行解答，而不是偏离主题或陷入无关讨论。

⑤保护个人信息：在回复中不要暴露自己或他人的敏感个人信息，保护隐私安全。

⑥沟通和解：若发生争议或误解，回复时可以采用积极的沟通方式，寻求和解和共识，而不是纠缠于争执中。

⑦及时回复：尽量在合理的时间范围内回复他人，以展示对话上的重视和尊重。

这些要求可以帮助网评回复保持专业、合适和有意义。如有需要，您可以提供具体的场景或问题，我将尽力提供更加详细和具体的回答。

⑧提供建议和解决方案：除了表达观点，回复中也可以给出建设性的建议和解决方案，以促进问题的解决。

⑨遵守网站规定：根据具体的网站或平台规定，遵守相关的用户协议、社区准则和行为准则。

⑩长期互动：建立长期互动，并与其他用户保持良好的关系和合作，分享经验和知识等。

（3）网评回复。

①好评回复。

尊敬的宾客，您好！××酒店向您表示最诚挚的问候！我们非常感谢您的下榻并抽出宝贵的时间对酒店的环境设施以及员工服务给予良好的评价和评分！感谢您抽出宝贵的时间给我们点评并与我们分享您良好的体验。

②差评回复。

尊敬的宾客，感谢您告知我们您在入住本酒店期间所遇到的问题。非常遗憾未能达到您的期望，请允许我们向您表达最诚挚的歉意。我们已通知相关部门，加强培训提高服务质量，我们希望能在不久的将来有机会为您奉上更好的服务，继续为我们提供宝贵的意见与建议。

任务 8-2-7　大堂副理查房

❖ 课程模块

典型工作任务

❖ 学习目标

通过本课程的学习，熟悉了解大堂副理的查房内容、流程与管理。

❖ 学习任务

大堂副理查房，是指当酒店迎接 VIP 及每天夜班检查（7+4+1+1 查房法）时，大堂副理将对房间的卫生、设施设备的使用情况等按照相关的要求与标准进行检查，可以为住店宾客提供一个干净、整洁的居住环境，也能给宾客带来舒适、温馨的良好体验。

1. 查房的分类

（1）VIP 查房。

①由外至内检查，门的表面卫生清洁、开关时有无响声、门锁开关正常和安全链完好，"请即打扫"和"请勿打扰"牌是否挂整齐；

②检查镜子、镜框确保清洁并处于良好的状态；

③检查咖啡和茶等物品是否齐全；

④检查杯子的数量和清洁程度；

⑤检查冰箱里外有污渍，确保酒水完整无缺；

⑥确保吧柜台面清洁程度；

⑦检查电视柜是否清洁，角落里不能有屑片和污渍，检查遥控是否正常，电视频道是否在指定的工作状态，音量适中，检查其他频道，确保电视指南清洁；

⑧检查写字台的清洁，注意桌子和椅子有无污渍；

⑨确保电话的清洁和正常使用，没有污渍；

⑩检查台灯，灯罩，灯座无尘；

⑪检查落地灯，清洁无尘，位置固定，不摇晃；

⑫检查玻璃窗是否有灰尘和手印，拉开窗帘，检查滑动轨道，轨道及蝴蝶扣的损坏

情况；

⑬窗帘保持打开的位置，悬挂整齐；

⑭沙发抱枕摆放整齐，茶几台宣传单张整齐；

⑮床头柜保持干净，无污渍，电话及便签组合夹整齐摆放；

⑯床头柜宣传册摆放整齐；

⑰床上被子平整无污渍，枕头饱满，整齐摆放；

⑱检查床下是否有垃圾和积尘；

⑲检查衣柜内物品是否齐全摆放整齐；

⑳检查壁画和画框；

㉑检查天花板和排风口是否有灰尘污渍，油漆是否脱落；

㉒检查地毯卫生情况；

㉓检查浴室，毛巾架是否牢固，干净，巾类是否按标准整齐摆放和挂在毛巾架上、镜子必须干净，不能有溅落的水印、马桶盖、桶身、桶底部、后部及水箱确保无污渍、浴缸和周围的墙面是否光亮清洁、浴室门保持清洁无指纹，门虚掩；

㉔检查天花板、墙面和地面清洁无污渍；

㉕检查欢迎水果是否摆放。

（2）夜班查房（7+4+1+1查房法，7是指检查与电相关的内容，4是指与水相关的内容，1是指窗帘，1是指空调）。

①检查消防电筒电量是否正常；

②检查保险箱电量是否正常；

③检查电子体重秤工作正常；

④检查吹风筒是否正常出冷，热风；

⑤检查电视机电源是否正常；

⑥检查台灯电源开关是否正常；

⑦检查电话机是否正常，有无忙音；

⑧检查洗手盆冷热水，排水是否顺畅；

⑨检查浴缸冷热水，排水是否顺畅；

⑩检查淋浴间花洒喷头有无漏水；

⑪检查马桶盖、桶身、桶底部、后部及水箱，确保冲水正常；

⑫检查电动窗帘是否正常；

⑬检查空调低中高速运转，有无异响。

2. 查房的流程与管理

（1）打开PMS系统，查看房态，确保房态为空的干净房（VC），一般选择10间/

根据开房情况轮流安排，尽量在一个月内可以将酒店所有房间检查一遍；

（2）敲门三下，进入房间；

（3）打开所有的客房灯，确保都处于工作状态；

（4）根据以上内容及标准逐一检查；

（5）将卫生不合格或设施设备无法正常运作记录下来并拍照到质检系统；

（6）通知客房部及时跟进；

（7）大堂副理做好报表数据分析与统计，并保存归档。

后置活页

★ 思政要点 ★

创新服务

习近平总书记指出:"中华文明的创新性,从根本上决定了中华民族守正不守旧、尊古不复古的进取精神,决定了中华民族不惧新挑战、勇于接受新事物的无畏品格。"中华文明源远流长、博大精深,是革故鼎新、辉光日新的文明。"苟日新、日日新、又日新"等文化基因根植于中华民族的精神血脉之中,突出的创新性推动中华文明不断发展进步。

创新服务是使潜在用户感受到不同于从前的崭新内容,是指新的设想、新的技术手段转变成新的或者改进的服务方式。面对酒店业的发展和消费者对高品质住宿体验的不断追求,酒店行业正积极拥抱创新,探索数字化转型、个性化服务、社交属性提升以及绿色可持续发展等多元化发展路径。

课程模块小结		
课后习题	案例分析	拓展知识
课后实操考核要点		
1. VIP 服务考核 2. 遗留物品处理考核 3. 贵重物品寄存考核 4. 个性化服务考核		
学习心得		

参考文献

[1] 蒋一飖. 酒店服务180例[M]. 上海：东方出版中心，1996.
[2] 吴军卫. 前厅疑难案例解析[M]. 北京：旅游教育出版社，2005.
[3] 曾小力. 前厅服务与管理[M]. 北京：旅游教育出版社，2014.
[4] 陈的非. 饭店服务与管理案例分析[M]. 北京：中国轻工业出版社，2010.
[5] 杨富荣. 旅游酒店服务教学案例分析[M]. 北京：高等教育出版社，2000.